古罗马宗教读本

魏明德　吴雅凌　编著

商務印書館
创于1897 The Commercial Press
2012年·北京

图书在版编目(CIP)数据

古罗马宗教读本/魏明德，吴雅凌编著. —北京:商务印书馆，2012
ISBN 978-7-100-08918-0

Ⅰ.①古… Ⅱ.①魏…②吴… Ⅲ.①拉丁语—教材②希腊罗马宗教 Ⅳ.①H771②B986

中国版本图书馆CIP数据核字(2012)第028725号

古罗马宗教读本
魏明德 吴雅凌 编著

商务印书馆出版
(北京王府井大街36号 邮政编码100710)
商务印书馆发行
北京瑞古冠中印刷厂印刷
ISBN 978-7-100-08918-0

2012年9月第1版 开本787×1092 1/16
2012年9月北京第1次印刷 印张15

定价：58.00元

目录

出版说明

在进入正文之前，我们想对这本小书的用意和方法做一点说明。

我们希望，透过本书，读者有机会认识和亲近古代罗马人的宗教世界（含共和国时期和帝国时期），以及476年西罗马帝国灭亡前这种宗教体系与基督宗教的遭逢状况。

为此，我们从拉丁语古典作品中精选出二十二篇短文，分作两个章目，前篇“古罗马宗教”，后篇“罗马宗教与基督宗教的相遇”。每篇短文在拉丁语原文之外，另有导读、汉语译文、词汇和批注。读者可以直接阅读原典，在西塞罗、李维、维吉尔、奥维德、约翰、德尔图良、奥古斯丁等古典作者的文句的引领下，亲身感受那个古远消逝的世界的精神气息。

除经典文本的阅读以外，每个章目设有述要和基本概念汇释，帮助读者准确把握文本阅读所必需的语言和知识基础。述要、词汇和文本合为一体，全面生动地展现了古罗马宗教的风貌及其与基督宗教的相遇。此外，书中还择要介绍历史学、文献学和考古学研究的晚近理论。

本书的弁言用于介绍拉丁语的起源、结构和特点。我们不采用大多数语言教科书的做法，循序渐进地教会学生掌握句法，熟记语法规则和词形词汇，而是把重点放在语言结构和整体理解上。读者用心之下，有望掌握一定的语言基础，借助书中提供的各种帮助和启发，直接领略和欣赏原文。即便一时不明白个别难点疑问，照样可以分析句子的组成、动词变位，乃至某个作者的习惯用词和句法表达，从而更直接地掌握古典学问方面的知识，亲近古典作者的思考方式和心性气质。这篇拉丁语结构述要自成一章，可以抽出来单独参阅。读者若是掌握其他印欧语言，又对比较语法有兴趣，也将有机会从更开阔的认知前提出发理解拉丁语。

前后两篇的词语汇释同样自成一章，可以抽出来单独参阅。通过追溯词源，修习语义变迁，读者有望摆脱传统观念理解的羁绊和思维惯性，亲身感受古罗马人的信仰思情，领会古代罗马宗教在人文、社会和精神认知上的特殊性。一旦纠正了传统观念理解的偏谬，读者也将能更好地思考罗马宗教与基督宗教的相遇和对峙——毕竟，这一事件不仅对西方的历史，也对整个人类的近现代历史具有根本性的影响。

本书不受现代学科类别的限制，适合多类读者使用：修习拉丁语的人或仅仅想要了解这门语言的人；想要了解古罗马宗教以从事比较研究的宗教学学生；想要学习在罗马帝国时期、中世纪乃至现代早期曾奠定基督宗教历史性发展的语言和思想的基督宗教学学生；历史学、社会科学或比较文学学生，等等。

我们相信，认真、老实地阅读经典文本，有益于规避时下风行的概论、通史教育所带来的弊端。众所周知，一味死记概论通史，忽略历代圣贤之书，无异于本末倒置，不但无从掌握历代圣贤心脉，反倒容易让灵魂流于墨守成规，缺乏想象。唯有准确领会古代作者的语义，关注古典文本的谋篇，并使不同历史时期的作品彼此呼应，这样的阅读才真正带有批评性和创造性。正如我们在书中一再强调的，用功于语言与用功于思想，两者密不可分。古代作者如是：他们以一种语言展开思考，不仅丰富这门语言，也促进它的变迁；历代研究者如是：他们致力于解释、再解释这些作者和他们的作品。读者亦当如是：轮到你们，步入这同样艰辛但充满喜乐的漫漫历程！

本书不当之处，但盼方家指点。

作者

2010年于上海

弁言：拉丁语结构述要

本述要无法替代一部完整的拉丁语教程，但具有如下几个特点：

首先，强调拉丁语的整体理解，例句尽量选自正文中的经典文本，即便存在个别难点，但借助每篇文本所附带的词汇注解，读者有望直接阅读和领会原文。

其次，跳过文法细节难点，解释语言本身的逻辑，这样一种概括式、结构性的介绍，恰好补充了国内现有的传统样式的语言教科书。*

最后，读者有机会从语言的结构和精神出发，比较拉丁语和他（她）所掌握的其他印欧语言。

* 本述要主要参考：Beaujeu Jean, Deléani Simone, Vermander Jean Marie, *Initiaiton à la langue latine et à son système, tomes I et II*, Paris, SEDES, 1996 (1975)。该书以拉丁语教学的历史性和结构性导向著称。其他参考著作见书末的参考文献。

一、拉丁语的起源

拉丁语属印欧语系。印欧语是一种人们正努力进行假定性和局部性重建的史前语言。说印欧语的人种最早居住在黑海之畔或安纳托利亚。大约在公元前四千年前（有的史家认为更早），他们开始向西、向南和向东扩张。这种扩张引发了人种的迁徙。迁徙究竟以战争还是和平的方式进行，至今仍有争议。

印欧语各族群分布在从印度到西欧之间的不同地区，彼此距离甚远。公元前1400—1000年间，有些族群北上到了多瑙河谷，继而向西行进，成为凯尔特人（Celtes）。还有一些去了意大利，成为说拉丁语、奥斯坎语（Osques）和翁不里亚语（Ombriens）的族群。

拉丁语起初只是西方印欧人的一种方言，主要位于意大利的拉提姆（Latium）地区。随着罗马人征服世界，拉丁语先后成为意大利乃至整个罗马帝国的行政语言，但希腊等地依旧沿用古希腊语。和所有语言一样，拉丁语处于不停演变之中，并受到其他语言的不同程度的影响，如高卢语（公元前四世纪高卢人入侵之后）、伊特鲁利亚语（非印欧语系），尤其希腊语，不但是有教养的罗马人精通的语言，还是许多技师、商人和奴隶的母语。

拉丁语有文言和俗语之别。我们如今对拉丁文言认识更多，也通过喜剧、讽刺诗、庞贝古城的碑文，以及其他拉丁语族语言的间接援引，略微了解拉丁俗语。

二、拉丁语的演变

在罗马帝国所征服的民族中，拉丁文接触当地语言或方言，从而经历了类似于印欧语在公元前2000年所经历的分化。由此产生了拉丁语族的各种语言：意大利语、法语、奥克语（普罗旺斯方言）、西班牙语、葡萄牙语、罗曼什语、罗马尼亚语。这些语言与拉丁俗语保持着亲密而直接的联系。此外，英语或哥特语等非拉丁语族的语言也大量借用拉丁语词汇。

拉丁文言至今依然保存有其古典语文的基本样貌，这归功于历代学校的教学。直至中世纪末，人们依然用拉丁语撰写大部分官方文件。十七世纪以前，拉丁语是大学教学语言。伊拉斯谟（Erasmus，1466—1536）以纯正的古典拉丁语著述，荷兰人格老秀斯（Hugo Grotius，1583—1645）以拉丁语写下《战争和平法》（*De iure belli ac pacis*，1625）这部巨著，奠定了现代国际法的基础。

今天，拉丁语是天主教会的官方语言，拉丁语词汇在大部分自然学科（医学、生物、植物等）中占有最重要的运用比例。

修习拉丁语让我们有机会直接阅读和领略古罗马的伟大诗人、演说家、戏剧家、哲学家和史学家（维吉尔、西塞罗、李维、苏维托尼乌斯、普鲁塔斯、塞内卡等）、基督宗教的早期拉丁教父（泰尔特里安、奥古斯丁等）、中世纪经院哲学家（托马斯·阿奎纳、伯尔纳多·德克勒沃、邓斯·司各脱、热尔松、奥坎等）、大哲学家和散文作家如笛卡儿、斯宾诺莎或伊拉斯谟。在研究法律、哲学、神学和自然学科方面，懂拉丁语尤显珍贵。

三、语言特征

拉丁语的文字、拼写和发音

罗马人发明了拉丁字母，古典时期的字母表是这样的：

A	B	C	D	E	F	G	H	I	L	M	N	O	P	Q(V)	R	S	T	V	X
a	b	c	d	e	f	g	h	i	l	m	n	o	p	q(u)	r	s	t	u	x

注意：字母q后接u，因为，在拉丁语中，q永远与u连用，qu形成一个独立音节（quod，quies，Quirinus，等等）。

字母k、y和z极为少见。k最早用于表示a和辅音之前的c，但古典时期一般直接写作c。y和z用于转译古希腊语单词。

借助古代拉丁语作者的记载和现代比较语言学方法，我们得以了解拉丁语在古典时期的发音。不过，拉丁语的发音处于不断演变之中，好几种发音法（古典发音的还原、中世纪拉丁语、教会拉丁语）并存。

拼写同样经历了诸多演变。诸如i与j、u与v的细分直至中世纪才得以确定。

字母u用于表示元音u和半辅音w；小写的u与v稍后才有细分。罗马人一律写作v。在高卢—罗马一带，长元音u渐渐演变成y。在本教程的早期文本中，字母u出现在句首时写作v，出现在别的地方时写作u（由于文本的多次再版和网上翻版，这种写法相当常见）；在年代较晚的文本中，我们则保留u与v的细分。读者应慢慢习惯这种写法不一致的情况，在不同情景中准确区分u和v，因为在我们使用的不同版本或读到的各种引文中，同一段文本的u和v的写法往往各异。一般说来，辨识这一点并不难。

每个元音（a，e，i，o，u，y）的发音可长可短。此外，早期拉丁语有重读音。在本教程中，我们一律不标出长元音和重读音。

有的辅音可以连用，连用的两个辅音必须分别发音，如stella，terra，littera等。

拉丁语是一种屈折语，包含两种数（单数和复数）的七个格，三种性（阳性、阴性和中性）。拉丁语共有24个字母，即6个元音字母和18个辅音字母。

所谓“屈折语”，就是有词形变化的语言，词与词在形成不同语法关系时要相应变化词形。“孤立语”（或词根语，如汉语）正好相反，词的词形不变。屈折语又有“黏着语”和“综合语”之分。“黏着语”通过变词语素来变化词形，每个变词语素只代表一种语法意义（如日语）；“综合语”通过词尾变化词形，表达语法意义（如所有印欧语言）。

名词的词形变化一般称为“变格”（性数格变化）。

动词的词形变化称为“变位”。

四、名词、形容词、代词和词的变格

“格”是用于名词、代词和形容词的语法形式。比如，宾格是直接补语的“格”。可变格名词又根据词尾特征分成几类变格法。比如，单数主格以 -a 为词尾，单数属格以 -ae 为词尾，这类名词属于第一类变格法。格在独立使用时没有任何意义，只在相关语言的语法系统里发生作用。

拉丁语有五种变格法，每种含六个格（主格、呼格、宾格、属格、与格和夺格）。第七种是从早期拉丁语遗留下来的位置格，偶见于古典拉丁语的个别表达法，一般用来表示地点。

拉丁语词典一般只列出名词的主格、属格和性（阳性、阴性或中性）。

在拉丁语中，名词（或代词、名词加形容词的词组）的作用不是通过限定句中的次序、而是通过词形变化（即词尾的变形）来表示。一个名词可能具备的形式总称为变格法。每种形式就是一种格。

■ 主格，用作主语（Cloelia Tiberim tranauit：克黎莉娅游过台伯河。）

■ 呼格，用作呼语（Cloelia，fortis es：克黎莉娅，你真勇敢。）

■ 宾格，用作宾语（Cloeliam laudauerunt：他们赞美了克黎莉娅。）

■ 属格，用作名词补语（Cloeliae uirtus：克黎莉娅的勇气）

■ 与格，用作赋予补语（Cloeliae praerium dederunt：他们把奖励给了克黎莉娅，他们奖励了克黎莉娅。）一般说来，与格表示：（1）把某物给某人；（2）为某人或某物的利益而做某事；（3）与动词 esse 连用，指某物属于某人。fuit Romulo tota potentia.（全部政权归属了罗慕路斯。）

■ 夺格，（1）用作状语补语（incensus ira：被愤怒所燃烧，怒火中烧）；（2）来源性补语（Roma fugit：他从罗马逃走了，他逃离了罗马。）

这套方法存在着诸多缺陷：不少格的形式一样（Cloeliae 既可以用作属格，又可以用作与格）。此外，有些指代关系过于宽泛，比如夺格可以指空间或时间的来源、制成某物的材质、造成某种后果的起因，等等。

因此，人们很早就感到有必要利用词缀来明确格所表示的关系。每个词缀成为一个和格搭配使用的介词。

e patria fugit：他逃离了祖国（介词 e 明确夺格用法：在……之外，出）。

ad propinquos restituit：她（把她们）送还给了家人（介词 ad 明确宾格用法：向、给、旁边）。

一般说来，拉丁语的名词分成五种变格法。名词的单数属格词尾属于以下哪种形态，该名词就属哪种变格法：

■ -ae：第一变格法

- -i：第二变格法
- -is：第三变格法
- -us：第四变格法
- -ei：第五变格法

拉丁语的变格存在许多不规则的情况。第三变格法中的名词最不规则（比如 rete，-is，n.“渔网，陷阱”；os，ossis，n.“脸”；securis，-is，f.“斧”）。有些外来名词没有变格或有特殊变格。

形容词的变格和名词一致：在句子中，形容词采用其所限定或修饰的名词的格。拉丁语词典一般依次列出形容词的阳、阴和中性形式。

修饰性的形容词又分成两类。第一类形容词按名词的第一（阴性名词）、第二（阳性名词）变格法变格，比如 bonus（m），bona（f），bonum（n），词典中写作 bon-us，a，um；第二类形容词仿照名词的第三变格法变格，比如 fortis（m），fortis（f），forte（n），词典中写作 fort-is，is，te。

表语形容词与主语要保持性、数、格一致（pater est **bonus** 父亲很好），与宾语同样如此（Tatius habuit Romanos **perfidissimos** 塔提乌斯认为罗马人背信弃义；其中 perfidissimos 与 Romanos 配合）。形容词如果是两个或两个以上名词的表语，就要与全部名词配合（pater et mater sunt **boni** 父亲、母亲都很好）。

修饰性形容词要与它所修饰的名词保持性数格一致。如果它修饰两个或两个以上名词，就与最近的名词配合。（ardor gaudiumque **maximum** 极大的热情和喜悦）

限定性的形容词（指示形容词、不定形容词、疑问形容词）和代形容词的变格法相同。

拉丁语形容词常常名词化，比如从形容词 bonus（好的）可以派生出如下不同名词：boni（好人，阳性复数）；bonum（哲学中的善，中性单数）；bona（物质或精神财产，中性复数）。

拉丁语有人称代词、指示代词和关系代词。这些代词有变格。人称代词一般不用写出，只在强调某个动作的发起人或对象时才表示出。有些代词既可以作代词用，又可以作形容词用。比如，**is**，**ea**，**id**（这，这个）分别出现在如下两个句子里：

eos reuocare uoluit 他想转变**他们**。其中 is（eos）作代词用，指罗马人（Romanos）。

ab **eo** uitio reuocare uoluit 他想转变**这样的**恶习。其中 is（eo）作形容词用。

这类形容代词主要有如下几个：

idem，**eadem**，**idem**：一样的，同样的

ipse，**ipsa**，**ipsum**：自己，与某人或某物相关。Caesar **ipse** uenit.（恺撒自己来了。）

hic，**haec**，**hoc**：这个，指近处的东西，或我刚刚提起之事

iste，**ista**，**istud**：那个，指远处的东西，或你刚刚提起之事

ille，**illa**，**illud**：那个，指很远的东西，或他刚刚提起之事

quis，**quae**，**quid**：疑问代词，谁，什么

quis 及其复合词如 **aliquis**，**quisquam** 等，是用法最不固定的形容代词，指代宽泛：si **quis** uenit（万一有人来）；si **quid** mali accidisset（万一有什么不测）。

关系代词与它所指代的名词保持性、数、格一致。例如：

amnis **qui** fluit 一条流动的河。qui 和 amnis 均系单数，qui 还是主格，作为动词 fluit 的主语。

litterae **quas** scripisti mihi iucundissimae fuerunt. 你写来的信让我很开心。quas 和 litterae 同系复数阴性，quas 还是宾格，作为动词 scriptisti 的宾语。

五、动词和变位

在拉丁语中，辨认一个动词形式的各个组成部分，对理解句子而言至关重要。这尤其因为，拉丁语是极为简洁的语言（往往省略代词等），动词形式往往集中了最大限度的信息。

分析一个动词形式，一般要注意到六大因素：

- genera（态）：分主动态、被动态；
- modi（式）：分直陈式、命令式、虚拟式、不定式；
- tempora（时）：参看下文；
- numeri（数）：分单数和复数；
- personae（人称）：分单数和复数以及各自的第一、二、三人称；
- coniugationes（变位法）。

依据不同分类，拉丁语动词有四到五种变位法。同一类动词按照相同规则进行变位。

拉丁语词典一般列出动词的五种基本形式，由此得出三种词干，有助于推导出动词的全部变位形式。

- 直陈式现在时的单数第一人称
- 直陈式现在时的单数第二人称（有些词典会省略这个形式，不过记住它还是很有必要的，因为，我们一般把直陈式现在时的单数第一人称、第二人称和不定式称为动词的“前三种基本形式”，下文还将提到这一点。）

- 不定式现在时
- 直陈式完成时的单数第一人称
- 目的分词

三种词干分别是：

- 现在词干
- 完成词干
- 目的分词词干

注意：很少语言有目的分词这一语法类别。目的分词一般用来表达一种意图、目的，常用于表示运动的动词。

在现有拉丁语词典里，第一类目的分词形式（以 -tum 为词尾）一般列为第五种形式。

例如：narro，narras，narrare，narraui，narratum（缩写为：narro，-as，-are，-aui，-atum），"讲述"，其中 narratum 是目的分词形式。

第一类目的分词形式（以 -tum 为词尾，有些动词以 -sum 为词尾）和表示移动的动词连用，则要么用作目的，例如：

gladiatores adfuerunt **pugnatum**. 角斗士们前来参加角斗。

eo **lusum.**（派生自 ludere）我要参加。

要么用作被动态将来时，例如：

credidit se **necatum** iri. 他当时以为自己会被杀死。

amatum iri 正要被喜爱。

第二类目的分词形式以长元音 ū 为词尾，较为少见，从传统用法上看只适合少数动词，一般用作目的，或指"在某方面"

或“涉及某事”存在某种东西：

res mirabilis **visū**（video“看见”）看上去奇妙的东西

horribile **dictū** 说来可怕

puer difficilis **doctū** 难以管教的孩子

拉丁语动词变位

拉丁语动词有六种时态，分为未完成时（infectum）和完成时（perfectum）两大类。未完成时表明动作的进行而不是完成，又含现在时、未完成过去时、将来时；完成时表明动作的完成，又含完成时、过去完成时、将来完成时。只有在直陈式中，这六种时态才全部存在。虚拟式没有将来时。

拉丁语动词变位主要有如下几种用法：

第一，完成时的被动态（完成时、过去完成时、将来完成时）由助动词 esse（是）加完成分词构成，比如，capti sunt（他们已被捕）。完成分词由动词的第五种基本形式（目的分词）的词干加相应词尾取得，比如动词 capio“拿，取，捕捉”（capio，is，ere，cepi，captum），其中目的分词是 captum，变格法与第一类形容词（比如 bonus，a，um）相同，完成分词的单数形式为 captus，a，um，复数形式为 capti，ae，a（即“已被捕的”）。这样，三种完成时的被动态第三人称复数形式分别是：hostes capti sunt(完成时：敌人已被捕)；hostes capti erant（过去完成时：敌人当时已被捕）；hostes capti erunt（将来完成时：敌人当时即将被捕）。

第二，现在时、未完成过去时和将来时由现在词干构成，现在词干从动词的前三种基本形式（直陈式现在时单数第一人称、第二人称和不定式）去掉词尾取得。比如，动词 capio 的前三种基本形式是 capi-o，capi-s，cape-re，去掉词尾，得出词干 capi-。完成时、过去完成时和将来完成时由完成词干构成，完成词干从动词的第四种基本形式（直陈式完成时单数第一人称）去掉词尾取得。比如，动词 capio 的第四种基本形式是 cepi，完成词干就是 cep-。

第三，拉丁语动词通过变化词尾发生作用。只需明确现在词干或完成词干，再确认不同人称的词尾词形，就能准确地把握一个动词形式的人称时态。不同人称的动词词尾固定不变，并且运用于所有时态，只有主动态直陈式完成时例外，另有词干。记住这些词尾很有必要。下面以第一变位法的动词为例，看看在主动态和被动态下不同人称的词尾：

主动态		
	单数	复数
第一人称	-o 或 -m	-mus
第二人称	-s（命令式另有词尾）	-tis 或 -te
第三人称	-t	-nt

被动态		
	单数	复数
第一人称	-or 或 -r	-mur
第二人称	-ris 或 -re	-mini
第三人称	-tur	-ntur

主动态直陈式过去完成时		
	单数	复数
第一人称	-i	-imus
第二人称	-isti	-istis
第三人称	-it	-erunt 或 -ere

注意：拉丁语中有大量不规则动词，最好的办法是勤查字典，字典里有每个动词的变位说明。

在拉丁语中，有类动词的形式是被动态，意思却是主动态。拉丁语的语法学家们称这类动词为 uerbus deponens，即“弃态动词”（deponens 派生自 depono，is，ere“放下、放弃”），汉语又称“异态动词”，因为，这些动词放弃了主动态词尾。它们类似于古希腊语中的“关身”（μέσηφωνή），界于主动和被动之间：主语发起的动作又特别指向主语本身。比如，fruor 我享乐；irascor 我愤怒；morior 我死去。

无人称动词只有第三人称形式。比如，pluit 下雨了；lucet 天亮了；licet ……是允许的；oportet ……是适宜的；euenit 有时会……

动词还与各种分词（现在分词、完成分词、将来分词）有关，这些分词的变格与形容词一致，用来构成各种独立分句。

动形容词和动名词（gerundium）的用法。动形容词的特点是有后缀 -ndo，与第一类形容词 bonus 的变格法一致，往往带有道德使命方面的被动意义。比如 dedit mihi libros **legendos** 他给我书读；Mihi **colenda** est uirtus 我要行善德（直译为“善德必须被我施行”）；**pugnandum** est 必须斗争。动名词从某种形式上是动形容词的名词化，用法较有限，比如：tempus **legendi** 阅读的时间；castigat **ridendo** mores 他笑斥风俗。

六、语言结构：文本解读

在正式阅读文本以前，有必要记住如下几点：

第一，拉丁语是一种极为简明的语言，类似汉语中的文言文。

第二，拉丁语没有冠词。

第三，比起英语、法语等，拉丁语较少使用人称代词和介词。

第四，更重要的是，拉丁语容纳众多语素，句子复杂，而英语、法语更倾向于分解和并置这些语素（现代汉语也是如此）。因此，在接下来要分析的文本中，我们先逐字逐句译出，再给出流

李维像

畅的译文。

第五，比起英语、汉语等，词在拉丁语句子中的次序较不重要，因为，词的次序与作用没有直接联系。比如Cloelia Tiberim tranauit（克黎莉娅游过台伯河），也可以写成：

Cloelia tranauit Tiberim；

Tiberim tranauit Clelia；

Tiberim Cloelia tranauit。

第六，根据语意分段，一个拉丁语句子可分成几部分词组。把拉丁语译成汉语，首先必须弄清楚这些词组。在同一词组内部，词的次序可自由变换。

公元前508年，伊特鲁利亚国王波尔塞纳为重建王权围攻罗马，他提出和解，条件是以罗马人为人质。年轻的克黎莉娅和别的姑娘一道被送往伊特鲁利亚人的营地……

以下文本出自罗马史家李维（Titus Liuius，公元前59—前17年）的 *Ab Urbe condita libri*（从字面上译为：《罗马自建城以来的历史》），11，13，6—8。

Cloelia uirgo，una ex obsidibus，cum castra Estruscorum forte haud procul ripa Tiberis locata essent，frustrata custodes，dux agnimis uirginum inter tela hostium Tiberim tranauit，sospitesque omnes Roman ad propinquos restituit.

Quod ubi regi nuntiatum est，primo incensus ira oratores Roman misit ad Cloeliam obsidem deposcendam… Deinde in admirationem uersus “supra Coclites Muciosque” dicere “id facinus esse”.

Cloelia uirgo 克黎莉娅，一个年轻姑娘，

una ex obsidibus（她当时是）人质之一，

cum castra Estruscorum forte haud procul ripa Tiberis locata essent 刚巧伊特鲁利亚人的营地离台伯河不远，

frustrata custodes 骗过看守，

dux agnimis uirginum（成为）那群年轻姑娘的领头人，

inter tela hostium 冒着敌人的飞箭，

Tiberim tranauit 游过台伯河；

sospitesque omnes Roman（并把她们）全部毫发无损地（带回）罗马，

ad propinquos restituit. 交还给她们的亲人。

Quod ubi regi nuntiatum est 有人向国王报告此事，

primo incensus ira 起先怒火中烧，

oratores Roman misit 他派人去罗马传话，

ad Cloeliam obsidem deposcendam…让人把克黎莉娅送回作人质；

Deinde in admirationem uersus，随后转而赞叹，

“supra Coclites Muciosque” dicere “id facinus esse”. 他说“这个行为比科克勒斯和穆西乌斯还要了不起”。[注：科克勒斯和穆西乌斯是两名在战争中脱颖而出的罗马英雄。]

从下面两个图解中，我们可以清楚地看到这两段文字的结构。

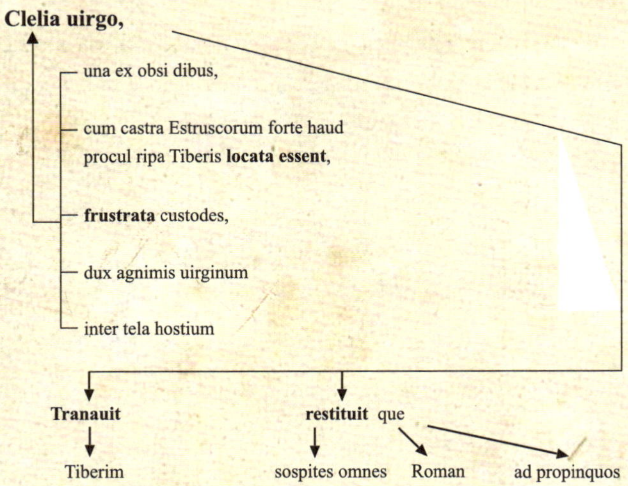

——在这个长句中，主语是 Cloelia uirgo，带有两个动词 tranauit 和 restituit。此外，还有五个分句修饰主语 Cloelia...tranauit，其中两个分句中带动词 locata essent 和 frustrata。动词 trannauit 后接直接宾语 Tiberim；动词 restituit 后接三个宾语：sospites omnes，Roman 和 ad propinquos。

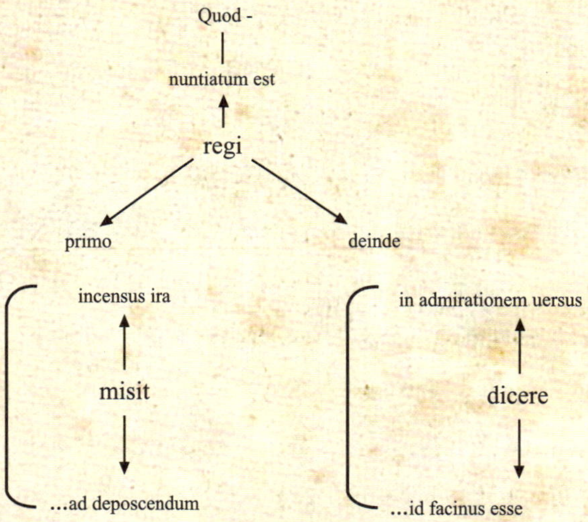

——“国王”（regi）既是前半句（quod 起句）的宾语，又

是后半句中两个动作的主语。这两个动作先后用 primo 和 deinde 引出，并且句型相同：都有一个动词（misit-dicere），都有一个分句说明国王的态度（incensus ira - in admirationem uersus），动词宾语都由一个动词形式组成（...ad depscendum - ...id facinus esse）。这个长句具有严谨的对称性，在拉丁语中极为典型。

维纳斯（公元二世纪，卢浮宫馆藏）

这件作品在十六世纪经过修复，雕像的头部和身体原本分属于两件不同的罗马时期作品。维纳斯一反常态地表现出了战士的勇敢，英姿飒爽，令人联想到李维笔下的克黎莉娅。

译文

当时的人质中有个姑娘叫克黎莉娅——由于伊特鲁利亚人的军营在台伯河边不远，她躲过看守，带领一群同伴，冒着敌人的飞箭——，游过台伯河，把同伴毫发无损地（带回）罗马，交还给她们的家人。

有人向国王报告此事。起先，他怒火中烧，派人去罗马传话，要求对方再次交出克黎莉娅；随后，他转而赞叹，声称这个行为“比科克勒斯和穆西乌斯的功绩还要了不起”！

这里暂时没有必要认识每个词，看懂每句话，重点在于领会拉丁语句子的结构。

词汇

castrum, i, *n.*：军营，堡垒；常用复数 castra

forte, *adv.*：偶然

procul, *adv.*：远，远处地

haud procul：不远，不远地

frustor, **ari**, **atus**, **sum**, *tr.*：蒙骗、愚弄

hostis, **is**, *m.*：(1) 外邦人；(2) 敌人

trano, **tranare**, **aui**, *tr.*：游过

sospito, **are**, *tr.*：保护，拯救

nuntio, **are**, *tr.*：通知，告知

ira, **irae**, *f.*：愤怒

mitto, **ere**, **missi**, **missum**：(1) 派遣；(2) 释放

uerto, **ere**, **ti**, **sum**：转变

facinus, **oris**, *n.*：行为

同一句法功能的语词，可以用并列连词连用：

- et
- - que（连在第一个词的最后一个音节）
- ac（元音前作 atque）

这三个连词均指："和，并且"。

例如，Cloelia Tiberim tranauit sospites**que** omnes restituit：克黎莉娅游过台伯河，并毫发无损地带回她们。

七、理解拉丁语句子的其他句法规则

这里不可能讲解全部语法规则，而只能选择性地谈及一些基础规则，特别是有益于理解书中文本的规则。

连词 non 起到否定句式的效果。比如：feminis pepercerunt 他

们赦免妇人；feminis **non** pepercerunt 他们不赦免妇人。

宾语一般用宾格。但是，有些动词的宾语不用宾格，比如，**feminis** pepercerunt 他们赦免妇人，其中 feminis 是与格。联系到动词的含义，这种变化还是可以理解的。

不定式在句子的构成中起到多种作用。它既可以是宾语（Romulus **laudari** potest 罗慕路斯值得赞美，其中 laudari 是被动态现在时不定式），也可以引导补语从句（scio uitam **esse breuem** 我知道生活短暂）。不定从句中常常用到现在时、完成时和将来时不定式。现在时不定式表明主句和不定句里的动作同时发生（putauit **se placare animos** 他当时以为在安定人心）。完成时不定式表明不定句里的动作先于主句里的动作（putauit **se placauisse animos** 他当时以为已经安定人心）。将来时不定式表明不定句里的动作后于主句里的动作（putauit **se placatarum esse animos** 他当时以为即将安定人心）。

夺格状语可以用作独立句。有关这种用法，参看第五篇苏埃托尼乌斯的文本。

虚拟式的用法

虚拟式是一种假定和虚拟的语式，但逐渐又产生了其他的用法。在原因从句中，原因如果不是作为事实、而是作为某人的想法或借口被提出，动词要用虚拟式（Socrates accusatus est quod iuuentutem **corrumperet**. 苏格拉底因败坏青年而遭控诉）。

连接词 cum 引导的从句如果不是单纯地指时间，就要用虚拟式。

拉丁语的动词在从句中用虚拟式的情况越来越多。补语从句如果是由表意愿、努力、担忧或阻碍的动词所引导，总是要用虚拟式。

虚拟式有时会替代命令式。以虚拟式表达的命令，具有比命令式更微妙、复杂的意味。

iugulentur：他们该死！

ne hoc faciamus：咱们别这么做。

虚拟式也表示愿望：utinam diues sim！ 我要有钱就好了！(utinam 后接虚拟式，表示愿望。)

表示商议：quid faciam？ 怎么办？

表示假想：Romae laetus sim 我要是在罗马该多开心啊！

关系代词qui，quae，quod的用法

—fanum eius est in agro，propter ipsam viam **qua** Assoro itur Hennam.（参看第四篇）

他的神庙就在田间，靠近路边，从那条路可以自阿索鲁姆通往赫纳。（或译：他的神庙就在田间，靠近从阿索姆通往赫纳的路边。）

（qua 是 qui，quae，quod 的单数阴性夺格形式，与 uia［路］配合，表城市之间的交通。）

—Signum，**quod** erat notum…

一种信号，它［由于］……为人所知

（quod 和 signum 一样是中性形式，作为紧接在后的从句的主语。）

qui	quae	quod	qui	quae	quae
quem	quam	quod	quos	quas	quae
cuius	cuius	cuius	quorum	quarum	quorum
cui	cui	cui	quibus	quibus	quibus
quo	qua	quo	quibus	quibus	quibus

在连接词 **cum** 之后使用直陈式时，说话人带有客观报道的语气（cum senatus **decreuit**…当元老院宣布……）。虚拟式表明两个动作之间的紧密关系（cum Athenae **florerent**，nimia libertas ciuitatem **miscuit**. 正当雅典日益繁荣时，极端的自由引起城邦的混乱。——作者受感于两个从句的协调性，用了虚拟式，从而赋予他所报道的现象某种主观色彩。）

条件句

条件句有时用直陈式来表达（si **sunt** dei，**sunt** boni 神若存在，必是好的），但更常用虚拟式。虚拟式有助于区分假设中的真实或不真实的程度（si **uenisses**，laetus **fuissem** 你要真来了，我一定很高兴——过去完成时表明，这与事实上已经发生的相反。）

间接引用

间接地转述某人的言语或思想，也就是用“说”或“想”之类的动词来引导。在拉丁语中，这种情况经常使用不定式。Pompeius rescripserat sese rem **deducturum** non esse. 庞培当时回答，他不会再推进这起事件（其中 deducturum 是将来时不定式）。间接引用中如果用虚拟式，则表示命令、意志或心愿。Pompeius rescripserat proinde ad se **ueniret**. 庞培当时回答，让他去找他。虚拟式同样用于间接疑问从句。

siue（或 seu）… siue（seu）… 表示“双向条件”：Siue Pompeiis manseris，siue non manseris，Romam redibimus. 无论你留在庞贝与否，我们都要回罗马。

让步补语

licet，ut 或 ne，后接虚拟式。

Licet sit improbus，utilis tamen，reipublicae est. 即便他不诚实，起码对共和国有用。

Ne sit sane summum malum dolor，malum certe est. 就算我们同意痛苦不是最大的不幸，但终归是一种不幸。（西塞罗语）

时间长短的表达

时间长短一般用宾格，日期用夺格。不过有时候，本应用表示时间的宾格之处，却用了夺格。这与夺格的微妙用法有关，比如，decem annis urben ceperunt 他们十年攻陷这座城，这里是典型的夺格用法，含有“他们花了整整十年时间才攻陷这座城”之意。夺格有时也带有表示空间位置的微妙用法，比如，in diebus proximis diecem Italia decedere 在接下来的十天里（也就是在十天这个期间）离开意大利。另外，omnis（每，各，全部）和 totus（整体的，万物）也用夺格，比如 tota nocte 整夜。

常用介词

cum + 夺格：（1）指“和”（“陪伴”）：cum filia unei 我和我女儿一起来。

（2）表方式：maxima cum saeuitia 以最残酷的方式。

poste + 宾格，指“在……之后”。

in + 宾格，指“在……里，到”，含变换场所的意思：In Italian peruenit 他到达意大利。

in + 夺格，指动作发生的场所：Ambulat in horto 他在花园散步。

常用的从属连词

quod：因为，由于；通常接直陈式，引导一个从句，对主句中提及的动作原因做出解释。 Quod id cupis，maneo 因为你想这样，我就留下来。

quoniam：既然

quoties：只要，一旦

postquan：在……之后

simul atque：自从

dum，donec，quod：直到……才；表时间，用直陈式；表事件，用虚拟式。

连词 si 及其复合词 quod si, nisi, sin siue 引导条件式从句。quod si assectus sum，gaudeo; sin minus，me consolor 我若得到必然喜悦，若得不到也不难过（西塞罗语）。

比较句

拉丁语的比较句有多种形式，通常由一对“关联词”（具有相同词性、词形的词）构成。

tantus... quantus : 一样大

talis... qualits : 一样，同类

tot... quod : 一样多，等量

tam... quam: 同样，相同

例句：talis pater，qualis filius 有其父必有其子 ; quot homines，quot sententiae 有多少人就有多少意见，众口难调。

八、拉丁语例句、格言和表述

结构简单的句子

nemo dat quod non habet：没人能给出自己没有的东西（谁也不能无中生有）。

accepi litteras a patre：我收到我父亲的一封信。

orat te pater ut ad se uenias ：你父亲求你回到他身边。

doceo pueros grammaticam：我教孩子们语法。

primus Aenas in Italiam venit：埃涅阿斯最早到意大利。

（注意：最后两个例句均有两个宾语。）

比较级和最高级

quo quis doctior，eo modestior est：越有智慧的人越谦逊。

fortiori est quam prudentior：他勇气有余，审慎不足。

Cicero quo maior nullus orator fuit：西塞罗，最伟大的演说家。

成语、格言和典型结构的句子

a fortiori：依据更充分的理由，尤其

a mari usque ad mare：从海到海（加拿大格言，指幅员辽阔）

a posteriori：经验的，归纳的

a priori：先验的，先天的

ab absurdo：归谬法，从悖谬的前提出发

ab ante：先前，事前

anima sana in corpore sano：健全的精神寓于健全的身体。

aquila non capit muscas：老鹰不赶苍蝇（伊拉斯谟语）。

aue Caesar imperator，morituri te salutant：向你致敬，恺撒皇帝，将死的人们向你致敬！（角斗士在角斗之前通常这么呼喊。）

barba non facit philosophum：长大胡子的不都是哲学家（人不可貌相，普鲁塔克语）。

bonum vinum laetificat cor hominis：好酒暖人心。

cogito ergo sum：我思故我在（笛卡儿语）。

de gustibus et coloribus，non disputandum：趣味颜色，莫须争辩（各有所好）。

dum spiro，spero：活着，就有希望。

e fructu arbor cognoscitur ：看果子就知道是什么树（窥一斑

而识全豹）。

festina lente！要快，但不着急！

ignorantia legis non excusat ：不懂法不是理由。

in medio stat virtus：中庸为德。

loquitor quasi Cicero sit：他说话简直就像西塞罗。（比照条件从句，也就是从句中含有比照的第二层关系，这层关系是虚构的、非真实的。这类从句永远用虚拟式。）

medice，cura te ipsum：医生，养好你自己的身体！

nomen est omen ：名字是预兆。

nullum crimen，nulla poenan nullum judicium sine lege：没有法律，何谈犯罪、刑罚和审判。

pax melior est quam iustissimum bellum ：再公正的战争也不及和平。

qui habet aures audiendi，audiat ：有耳的都要听见。

quidquid discis，tibi discis：不论你学什么，都是为自己而学。

quod licet Iovis，non licet bovis：朱庇特能被准许的，牛不能（只许州官放火，不许百姓点灯）。

scio me nihil scire：我只知道我一无所知。

sivis pacem，para bellum：想要和平，就得准备战争。

sine labore non erit panis in ore：不工作就没面包吃（不劳无获）。

ueritas odium parit，obsequium amicos：诚实惹来敌人，奉承造就朋友。

uulnerant omnes，ultima necat ：它们全都伤人，最后一位杀人。（指时间，传统日晷上的铭文）。

前篇：古罗马宗教

述要

由于罕有记载，记载年代也相对较晚，研究古罗马宗教有一定困难。古罗马宗教体制的形成受到诸多方面的影响。有一点可以肯定，那就是古罗马宗教的基础概念与自公元前七世纪起在伊特鲁利亚、拉丁姆乃至罗马出现“城邦”有关。这种政治体制在罗马不停演变，直至公元前五世纪成为我们所说的罗马共和国。自此，无论发生什么政治变动，罗马的宗教体制始终与公民之间自由而理性的辩论这一观念形态紧密相连。古罗马宗教是一种社会和政治的宗教，发源于群体，而不是个人；个人的宗教义务与其出身、社会地位相关；诸种宗教仪式上升成为礼教，必须严格遵守，才能确保政制良性运行，城邦生生不息；罗马的法令从根本上是宗教性的，而宗教也始终被理解为一种近乎法律性质的义务体系。我们可以说，古罗马人和他们的神之间建立了某种契约关系；宗教权威又分成好些部分；不同的群体（妇女、士兵、商人、奴隶……）崇拜不同的神，而这些神一道被列为“最高公民”，他们的命运与整个城邦的命运休戚相关。

下文将从五个问题入手，揭示古罗马宗教体系的特点和历史演变。

公民资格、帝国和宗教

首先应该弄清楚一个问题：在从共和国到帝国的过渡中，古罗马宗教是否根本改变了它的“公民”特性。一般认为，这一特性没有改变。自公元前五世纪起，罗马就是一个共和国(respublica)，一个城邦，有公民、法官、元老院和律法。罗马在共和国时期发展迅猛，逐渐雄霸意大利，接着领导意大利诸城邦联盟对抗迦太基，最后又向东西扩张，征服了时人所认知的整个世界版图。* 与此同时，罗马拥有一种开放的公民概念。渐渐地，有些被征服城邦的公民也被编收入罗马城邦，他们有的获得完整的公民权，有的沦为二等公民。二等公民为罗马人提供了取之不尽的兵源。此外，奴隶可能被主人释放，转为公民。大法官们也可能把公民资格赐给他们保护的人。**Ciuis romanus sum**（我是罗马公民！），这句话本身具有无上的权威，不仅包含了一种礼仪上的荣誉，更明确了诸多法律上的担保，谁破坏谁就是犯罪，就连大法官也不例外。到了公元前几年，尽管进展缓慢，所有意大利城邦的公民全部拥有完整的公民权。每个城邦的成员要向罗马声明自己希望在哪个城邦登记。他通过自己的城邦成为罗马公民，这个城邦也从此成为他作为罗马公民的出身（origo）。不过，罗马公民资格不是由罗马各城邦分配的。一个人凭出生或被领养而成为罗马公民，奴隶获释也能转为公民，此外还可以征求大法官的许可，帝国时期则是获得皇帝的许可。皇帝在赐给某人罗马公民资格时，必定把这人登记在帝国的某个城邦中。公元212年卡拉卡拉皇

* 有关罗马政治体系和宗教体系的关系研究，参见 John Scheid, *La religion des Romains*, Paris, Armand Colin, 2007；*Religion, institutions et société de la Rome antique*, 载 *L'annuaire du Collège de France*（网络资料），109/2010，发表于2010年6月24日，参阅时间2010年9月13日，网址 http://annuaire-cdf.revues.org/197。

帝（Caracalla）颁布敕令，把罗马公民权赐给所有罗马帝国出身自由的人，然而，这种法律督促丝毫没有改变罗马人的日常生活。帝国的模式虽占上风，却不意味着城邦的模式就此消失。我们甚至可以说，随着罗马征战四方和放宽公民资格，原本专属于罗马人的公民宗教模式也逐步推广。

地方认同和帝国认同

在这个基础上，我们可以回答第二个问题：如何解释罗马宗教礼仪的多样性？在多神和多种崇拜的极大多样化背后是否隐藏着罗马宗教的统一性？答案就在刚才分析过的地方认同和罗马认同的关系之中。多样崇拜对应社会和国家的多种等级。所有个人崇拜、地方崇拜和国家崇拜混同为一：这不是因为古罗马宗教没有能力建立一种明晰划一的认同，而是因为罗马认同本身就带有混同性，也自愿成就这样的混同性。古罗马哲人们常常提出，各个人类群体有“独特的礼仪形态”（singuli sacrorum ritus），他们崇敬“诸神同胞”（dei municipales，其中 municipales 是 municeps 的复数，指“公民，同胞，同乡”）。古罗马人缔造了一种普世性，不是通过减法和统一教义，而是通过加法、自动增长和日趋混同而获得运行。这也正是罗马宗教与新兴的基督宗教发生纠纷的根源之一。

神话和历史

神话在古罗马宗教中究竟起到什么作用？神话似乎与崇拜毫不沾边，古罗马人既不讲道，也不会在祷告中提到神话。当然，

奠酒场景：执竖琴的阿波罗和胜利女神狄刻（公元前100—75年，卢浮宫馆藏）

阿波罗左手扶琴，右手向狄刻女神伸出一盏祭用酒杯，狄刻女神右手高执酒罐，往阿波罗的杯中倾倒奠酒。在他们中间，立着德耳斐的标志性石器(omphalos)，状如肚脐，象征大地的中心。

在礼仪活动、念诵颂诗、建筑装饰、仪式器具，乃至与重大节庆相关的戏剧表演上，神话往往占有一席之地。但是，这只不过是宗教崇拜的一个小补充、取悦神和人的一种小装饰。神话的用途就在于装饰，在崇拜之余提供乐子。拉丁语文学虽以古希腊神话为基础，却带有把叙事“去神话化”的明显倾向。这种倾向早在基督宗教产生以前就已存在，不过，基督教作者在这条路上走得更远。在奥维德笔下，神话叙事成了情色文学的借口；反过来，逃出特洛伊的埃涅阿斯成为罗马人民的祖先，他的故事在维吉尔笔下带有一种宏伟而惊人的神话尺度。由此引出下一个问题：在古希腊、古印度神话叙事诗（想想荷马的《伊利亚特》和《奥德赛》，赫西俄德的《神谱》，想想古印度辉煌的《罗摩衍那》和《摩诃婆罗多》！）的参照下，如何解释神话在罗马宗教体系中的“屈从”地位？法国历史学家乔治·杜梅齐尔*对此做出了解答。他认

*尤见：George Dumézil, *La religion romaine archaïque*, Paris, Hartmann, 2000 (1966)。

为，在罗马的历史中，建城神话取代了在其他古代文明中起根本作用的宇宙起源神话。以历史取代神话，并不只发生在古代罗马：无独有偶，在中国古代，神话本为崇拜之源，随着春秋社会的文化思想变革，这个根源很快淹没，宗教崇拜从此具有相对于神话因素的独立性，各类“史记”也逐渐取代了开天辟地的创世神话。

不过，谈论这些话题务必审慎，以免引起误会。首先，古罗马人当然使用神话，不论本土神话，还是外来神话，比如，他们会利用神话来解释一些公共崇拜的起源。其次，神话叙事随着时间发生变化（有些时候，甚至同一作者也会先后给出不同的叙事说法，奥维德就常常如此），这种情况正好符合神话发展的一般逻辑：神话必须不停变化，才能产生新的生命力。罗马文明不是“没有神话”的文明，而是把城邦的历史当成一种新型的神话叙事的基础，把城邦的起源当成诸种神话原型的源头。罗马太关注自身的历史，以至于用历史叙事取代了其他文明中的神话叙事。

秘仪和哲学

在很长时间里，人们把罗马宗教传统与“东方崇拜”或“秘仪崇拜”对立起来，同时强调，秘仪崇拜风行一时，为罗马帝国接受基督宗教精神奠定了基础。然而，首先应该指出，早在公元前六世纪，古希腊就有秘仪崇拜了，最早主要有厄琉西斯崇拜和狄俄尼索斯崇拜。由此可见，秘仪崇拜一开始并不是“东方的”。比起朝向公共崇拜演化的罗马世界，秘仪在古希腊宗教世界里更容易找到一席之地。秘仪崇拜有别于基督宗教，不是一种救赎的宗教，也不具有灵修的意味。参与者在一种类似于神魂附体的体验中，寻求与某个神发生神交的暂时狂迷状态（可见，这与基督

密特拉神（公元二至三世纪，卢浮宫馆藏）

公元一世纪下半叶，密特拉崇拜秘仪传入罗马。密特拉本是古印度—伊朗神。这件浮雕表现了他宰杀一头牛以庇佑大地丰产的神话场景。

宗教的圣体仪式体验很不一样）。本书第七篇是阿普列乌斯的短文，很好地显示了伊希斯秘仪的风貌。据新柏拉图派哲人普罗提诺的记载，秘仪体验常常被描绘成一种灵魂与肉体暂时分离的状态。秘仪的盛行表明古罗马人尝试着在礼教传统（在古代宗教中占绝对优势）与个人宗教经验之间寻求平衡。除秘仪以外，哲学求索也有可能超越和质疑礼教传统，本书第十二篇塞涅卡的短文就是一例。总的说来，古罗马的公民礼教传统遭遇了三种不同倾向的质疑：出神体验（秘仪）、哲学求索（以斯多亚哲人为例）和救赎宗教（基督宗教），并最终走向消亡。

罗马宗教的起源

最后这个问题似乎没有答案。我们不能把罗马宗教的起源局限为某个起决定作用或独一无二的源头：从很早起，古罗马宗教就是在多样化的起源因素的碰撞和改造下逐步成形的。古罗马人很看重伊特鲁利亚人的传统，从中沿用了许多占卜习俗（本书中有多篇文本揭示了占卜的重要作用）。古罗马宗教还具有诸多印欧特征，但这些特征相当分散，很难界定。来自地中海东部世界的希腊人和腓尼基人无疑从古风时代（也就是说早在希腊沦为罗马殖民地以前）就开始影响罗马。事实上，罗马宗教在帝国时期呈现出的普世性，很可能部分归因于古代罗马宗教从一开始就具备的混同性……一切起源皆命运。

词语汇释

研习古罗马宗教要义有很多方法。本书不做全面系统的陈述，而是从拉丁语词汇入手，让读者首先学习一些基本宗教概念的确切含义，以及彼此之间的关系。通过了解这些概念之间可能存在的互补或反义关系，我们可以避免一种常见的谬误，也就是在古罗马人的观念上附会各种稍后在西方思想史中成形或来自其他文明语境的观念。换个说法，从训诂出发，领会词的逻

辑和概念差异，才能真正了解罗马宗教。

这个简明的词语汇释分为五部分：宗教的基础概念、场所、活动、执行者和节气。我们在选择每个单词时尤其强调全篇的严整性，每篇均可以当成独立章节来阅读，开头各有一段简介，以方便读者理解入选语词的含义。

一、基础概念

我们今天理解古罗马宗教的基本概念，主要有三个来源。首先，古罗马语法学家留下了许多珍贵的词源解注文献，比如瓦罗（Marcus Terentius Varro，公元前116—前27）或费斯图斯（Sextus Pompeius Festus，人称 Festus Grammaticus，公元2世纪下半叶），我们从中获知一个词的语义变迁，了解古罗马人如何批判性地思考自己的语言和观念。其次，通过阅读古罗马演说家、史家的作品，我们可以了解一个词如何具体运用到辩论或叙事中，从而限定该词的用法，判别内中的语义微异。最后，随着考古学家的发现，我们得以从一些碑文、铭文中了解古代崇拜仪式的宗教用语，借助庞贝废墟的考古发现，我们还了解到个别拉丁俗语的用法。

religio, **onis**, *f.*

有关名词 religio 的词源，拉丁人有两种不同说法。

有的说与动词 religare［连接］同根，强调人与神的关系。

也有的说与动词 religere［复兴、控制］同根，强调宗教顾虑、教规。

这两层意思并不矛盾：religio 是人与神共存的社团，由此产生了一套教规体系，一种正义的生活方式。religio 并不强调人与神的情感关系，而是指传统遗留的规则总和。

因此，religio 是一种官方崇拜：只有城邦有权准许或禁止崇拜某个神。罗马宗教是一种礼教化的公民宗教，以维护 pax deorum［诸神的和平］为中心，诸神和平，才能保证罗马社会政制良好运行，城邦繁荣，战争取胜。

印欧社会秩序表现为不同社会等级和社会职能的连接。在这种社会秩序里，没有矛盾，但有区别。无论在古意大利世界，还是在古希腊世界，这种社会秩序均朝着一种公民决议和共同参与的城邦理念发展。因此，我们可以把古罗马诸神和古希腊诸神一样视为城邦中地位最高的公民，他们极为强大，也极受尊敬。古罗马人并不生活在对神的恐惧之中。否则就是“迷信”了（参看下文词条 superstitio）。神和公民建立了一种亲切友好的相互关系。一般说来，古罗马人只要虔敬神灵，履行对神的义务，神们就会帮助他们，带来好处。何况，当时罗马城邦的威仪难敌，这无异于在每个罗马公民头上罩着一圈荣耀的圣光。

与此同时，religio 不仅是外在的规则总和，还受到某种“内在姿态”的启示。

西塞罗把 religio 定义为“对神的虔敬崇拜”，也就是支配着人神关系的“社会性”崇拜礼仪。

“宗教”和“正义”是一对道德姊妹花。宗教行于神，正义行于人。这两个概念往往被同时提及。无独有偶，中国古代的四大道德规范，前两项就是“礼”（崇礼，即敬神和祭祖）和“义”（行义）。李维提到罗马王政时期的第二个国王努玛·彭庇里乌斯（Numa Pompilius，传说执政时期为前 715—前 673）时说：

inclita iustitia religioque ea tempestate Numae Pompili erat.

努玛·彭庇里乌斯生活在当时，以公正和敬神（religioque）著称。

李维认为，弩玛·彭庇里乌斯本性虔敬，且复兴了不少宗教仪式，从某种意义上是罗马城邦的宗教缔造者。他的宗教情怀调和了罗慕路斯的冒险精神和放任不羁。弩玛·彭庇里乌斯尤以创立罗马历法和祭司学院著称。

—ea tempestate：当时

—inclitus，inclita -um，inclitior -or -us，inclitissimus -a -um：著名，闻名

用法注意：

religio est + 不定式：……是渎神的。（同样，religiosum est + 不定式。）

例　句：mortuum numquam attingit; funus tamen exsequi non est religio.［朱庇特神的祭司］不得碰触死人；不过，参加葬礼不算渎神。

religiosus，a，um

这个形容词在具体用法上有很大差异：在指人时，homo religiousus 的意思大概是“一个虔诚、审慎和正直的人”；在指动作时，意思却是“被禁忌的动作，不该做的事”，最早指某种致人死命的忌讳。

在《释名》（*De significatione uerborum*）中，费斯图斯写道：“这个形容语不仅用来指对诸神的圣洁表现出深刻敬畏的人，也用来指随时准备帮助别人的人。”费斯图斯对 religiosus 的另一层意思的解释，参看下文词条 sanctus 。

superstitio，onis，*f.*

一种特定的行为和生存姿态：诸神爱猜忌，且喜暴虐，由此造成迷信者的恐慌，他们举办各种公共礼仪未加允许的活动，并

做出不合理性的反应。在古罗马人眼里，好的信仰姿态是信赖城邦的守护神，奉行恰当的崇拜礼仪。到了基督宗教时代，该词用来指对假神（“异教”的神）的崇拜。

最初，religio 和 superstitio 并不代表“信”和“迷信”的对立，而只是体现不同的现象。religio 是公共礼仪的一种管理方式；superstitio 是一种心理现象，基本上属个人领域，但在涉及大多数人时变得危险，致使公共礼仪不再能够控制或约束人群。渐渐地，尤其在基督宗教作者的影响之下，这两个概念成了一个对子。迷信被理解成“虚假的宗教”，与 uera religio（真正的宗教）直接相对。

sacer，sacra，sacrum

形容词：属神的（神圣的），也就是“一切被认作诸神属性的”（语出马克罗比乌斯），“专属或专献给诸神的”（语出菲斯特斯）。因此，属神不是一种有魔咒的力量，而是某物的自然法定属性。属神的（神性），和属人的（人性）一样，不可侵犯。触犯这种属性，就是渎神。

罗马行政官负责主持建筑或物品的祝圣仪式（也就是使该建筑或物品成为属神的）。

只要遵守恰当的法律形式，一件圣物可以交付给人类，也就是重新世俗化。

由这个词派生出 **sacramentum，i**，*n.*：最初指诉讼者为了表现诚信，向诸神交出一笔押金，由大司祭（Pontifex）保管，与此同时还要宣誓。后转义指个人自愿的宣誓，与 iusiurandum 即集体强制的宣誓相对。

sanctus，a，um

圣洁的，一旦侵犯就要处以刑罚的：比如罗马神圣城界、某些法律、条约，还有护民官、罗马使节等人物。该词既不指属神的，也不指世俗的，而是指不可侵犯的，圣洁的。

该形容词本是动词 sancio，is，ire，sanxi，sanctum［认定，使成为神圣的］的词尾。

在《释名》中，费斯图斯还对 religiosus，sacer 和 sanctus 做出区别：

“埃利乌斯（Gallus Elius）把一切严禁人类去做、做了就是违抗神意的行为称为 religiosus［注：这里指禁忌、违抗宗教的］。这类行为包括：男子闯入波纳·德娅（Bona dea）女神庙、人们无视鸟占的预示而执行某项法令、在不宜审理案子的日子（nefastus，参看下文“宗教节气”里的词条解释）里把诉讼案子呈交大法官。这位作者还很好地解释了区分 sacer、sanctus 和 religiosus 的方法：一幢建筑被称为 sacer，就是献给某个神的；sanctus 指环绕城邦的墙；religiosus 指埋葬死者的坟墓。”

注一：Bona dea，直译为“善好女神”，只有妇人才能参加敬拜这位女神的庆典，严禁男子擅闯女神的神庙和庆典、窥探相关崇拜礼仪的奥秘。

注二：religiosus 与葬礼相连，充分显示了该词用法的差异性，既可以指“禁忌的”，从广义上理解也就是不洁净的，违抗宗教的，也可以指人始终敬神守礼（homo religiosus）。

pius，a，um; piétas，atis，*f.*

虔敬。这种姿态不仅对神，也对亲人、朋友等。西塞罗说：“虔敬是与神相关的正义。”

虔敬意味着圣洁。比如，一个罗马人的家中服丧，他就是不洁的。献祭前要沐浴净身，行任何宗教仪式前要洗手。

同根动词 **piare**：按仪式敬拜、使受神的保佑、洁净。

expiare 指“赎”（罪）。

由此还衍生出名词 **piaculum**，**i**，*n*.。该词经过几番词义演变：先是指用以赎罪或洁净的献祭，后来又指献祭仪式上的祭品；最后指大罪过，必须行赎罪祭方能弥补的重罪。

impius，impietas

不敬，包括拒绝给诸神应有的祭献，或侵犯诸神的神性。不敬若属无意，也就是不慎（imprudens），可以通过献祭补偿；若属有意，带着恶念（prudens dolo malo），则不可补赎，这人永远脱不开耻辱的罪名。比如，破坏圣林格杀不论，古罗马人认为，这个死刑由本身受到冒犯的神所判处。

狄俄尼索斯与四季女神（公元前一世纪，卢浮宫馆藏）

领头的狄俄尼索斯手持酒神杖，春天捧着花，夏天握着穗子，另一只手拉住秋天，缺冬天。

deus, i, *m.*

神，神性。

di boni！ 老天啊！

di meliora ferrant！ 愿神保佑我们！

在罗马，经由全体公民、元老院或某行政官的决定，一个神才被认同为“神”。即便在家族之中，某神受到特定的家族崇拜，也要经由 paterfamilias（家长）决定。从礼教上看，罗马处于行政官和诸神的共同治下：在决议公共事务时，必须求问诸神，就像必须征询元老院成员们的意见一样。例如，在表决某项法律或召开某次选举时，必须向朱庇特神求问鸟占。其实，这无异以戏剧性的方式表明，一项以罗马公民为名做出的决定同时也获得了诸神的赞许。

罗马人有不计其数的神。有些是“传统”神，长期在罗马存在；有些来自外邦。神们掌管着各种具体职能：权力、战争威力、技艺、丰收等等。

罗马人有可能把几个神连在一起崇拜。卡庇托利欧（罗马七座山丘之一）神庙敬拜朱庇特、朱诺和密涅瓦三神。在更古远的年代，朱庇特、玛尔斯和克维里努斯三神最早被连在一起，学者们从中总结出印欧社会职能的三分模式：国王或执政官、战士、农夫。

deus 最古老的写法是 deiuos。该词有两种不同的写法和变格法。

比较常用的写法是 deus，dei。变格法颇不规则。复数主格写作 dei，dii 或 di。复数属格写作 deorum 或 deum。复数与格和夺格写作 dis，diis 或 deis。

另一种写法是 diuus，diui，在帝国时期专指被神化的人，而不是真正意义的神，尤指被神化的罗马皇帝。除一般的神以外，逝世的元首也有可能被奉为神（diui 和 diuae，字面意思就是“神化的男子”和“神化的女子”）。尤利斯·恺撒第一个享受了把死者奉为神的法律规定。这些被奉为神的死者拥有一座神庙、一名祭司和一种公共崇拜。在公元前44年和公元240年期间，共有二十四名元首、君王和王后被奉为神。四世纪，君士坦丁大帝废止了这一习俗。

注意：deus 与 dies（日，日光）同根，从字面上可以理解为“住在光明的天上的”，作为对比，homo，-inis 则是“住在大地上（humus，i，*f.*）的”。也就是说，神与人的最早差别，在于他们分别居住不同的所在。

ius，iuris，*n.*

原指具有法令效力的宗教咒语，和汉语里的“咒”字一样，这个名词既指祷告，宗教或巫术中的消灾降祸口诀，也指誓言、诅咒。后来则单指法令。

ius iurandum，iuris iurandi，*n.*：誓言

ius iurare：发誓，咒愿

ius non est：……是不合法的

注意在拉丁语中有三个语义不同却相互

扮作玛尔斯和维纳斯的皇帝伉俪（公元二世纪，卢浮宫馆藏）

这个皇帝应为哈德良，他扮成战神玛尔斯，他的妻子扮成维纳斯，正在为他整理肩带。女性头像后来换成哈德良的养子路奇乌斯·维卢斯皇帝之妻。哈德良是第一个在世即被粉饰为神的罗马皇帝。这件雕塑反映了哈德良时代的希腊化趣味，以及新古典风格的复兴。

补充的概念：

—lex，legis，*f.*：原指礼教，后来指法令，也就是成文颁布的公民义务。

—ius：誓言，成文的咒愿

—mos，moris，*m.*：非成文的习俗

fas 无性数变化

（神意的）应许

iurare Dialem fas numquam est：朱庇特的祭司从不被允许发誓。

nefas 无性数变化

（神意的）禁戒

piaculum，i，*n.*

罪过、渎神的事

Eo die uerberai piaculum est：今天打人会亵渎神灵。

mythos，i，*m.*

神话，传说

mytholgiae，arum，阴性复数

神话，神话学

这两个词直接沿用自古希腊语，这就突显出我们在谈及罗马宗教时常常遇到的一个难题。表面看来，罗马宗教似乎建于礼教而不是神话之上。但其实，神话并不作为一套完整的教义或信仰对象在发生作用。神话也不应用在礼教之中。在罗马，神话与历史直接相连。罗马建城神话的模式，与其他文明中的创世神话模式遥相呼应。此外，如果说罗马人大量借用了古希腊神话，他们

却也总是以“罗马的方式”加以重释。乔治·杜梅齐尔说：“罗马自有其神话，并保留至今。只不过，它是民族性和历史性的。古希腊和古印度借助宏伟的形象展示了其所理解的世界起源和各纪元的样子，而罗马却只专注于叙述自己的起源和时代，自己的建成和发展，以及其所认定的历代建城君王的成就和历险。然而，这些叙事的时间地点虽说近在眼前，却有大部分是虚构的，袭用了某个罗马根本还不存在的古远年代：罗马神话叙事证实和认同诸种礼教、法令、风俗，以及罗马社会、罗马风格和理想的一切组成元素。”

二、宗教场所

城邦规定并控制着周边的空间；它与诸神共享这些空间。专用于公共活动（其宗教性与公民性密不可分）的必要场地，必须通过占卜来界定，并举行隆重的划定仪式。神圣城界把城邦（urbs）及其周边领地区别开来。有些神在神圣城界以内敬拜；另一些神（尤其司战争的神们）只能在城邦之外敬拜。圣所的大小和功能不一，界定和管理这些圣所，必须遵循不停演变的复杂的法律观念。最后，区分公共和私人的崇拜场所非常重要。

sacrarium, **ii**, *n.*

圣殿，经由大司祭（而不是占卜师）祝圣的场所。

delubrum, **i**, *n.*

神堂。专用来敬拜某个神的神堂。从词源来看，这是祭献仪式前行净礼的地方（lauo，即洁净、洗手）。

aedes 或 **aedis**，**is**，*f.*

人工建成的圣殿统称。

该词一开始指烧火的炉灶，继而引申为维斯塔的神庙，也就是城邦供奉圣火之处，一般是圆形的建筑，中央燃着圣火。后来也泛指一般意义的神庙。

用作复数时，也泛指家宅。由此派生出 **aedificium**，**ii**，*n.*：建筑，房屋。

有关 sacrarium，delubrum，aedes，fanum 和 templum 的区别，参看词条 templum。

fanum，**i**，*n.*

由占卜师和祭司祝圣的场所。

profanus，**a**，**um**

不敬神的在俗者（profanus），原指无权进入 fanum［神殿］的人。他只能参加设在神殿外的祭坛上的崇拜仪式。

因此，该形容词指不属神的，往往还指不再属神的。

templum，**i**，*n.*

神庙。原指专门辟作公众用途的场地，一般有隆重的落成仪式。拉丁语解释为 locus liberatus et effatus，也就是占卜师通过特定的隆重仪式而划定的露天神所（effatus 原指“当众发言的”）。这个所在首先可能是占卜师指定在空中观察神迹的范围，其次才是他进行占卜的场地。由于许多神庙均建在这类场地里，该词后来专指敬拜诸神的圣地。

瓦罗言：templum locus augurii aut auspicii causa quibusdam conceptis verbis finitus.（神庙是一种由鸟占人或占卜师通过特定咒语而划定的

这座位于黎巴嫩巴贝克城（Baalbek）的朱庇特神庙大约在公元一世纪前后建成。历经岁月和战火的摧残，如今的神庙仅存六根科林斯式大理石柱和一些断垣残壁。

场所。）

现在，我们可以更好地理解如下几个同义词：

—— templum 最初指由占卜师划定的神所，稍后有了更广泛的用法，这个场所不一定是人工建成。

—— sacrarium（又叫 aedes sacra 或别的名称），经由大司祭祝圣，而不是占卜师划定。因此，它在人们眼里是圣地，但没有得到神的认可。最初，sacrarium 只是存放圣物（比如神像）的私人或公众场所。

—— delubrum 的语意较模糊，最早可能指行净礼的神堂的一部分，后来直接泛指神堂。

constitutio, onis, *f.*

某个空间的祝圣仪式。在这个空间行净礼，立起第一块基石。等到建筑物落成，整个建筑和空间均是神圣的。

ara，ae，*f.*

最初指神明的火塘，后指祭坛，拜神的场地。

Ara 有别于 **focus**（**i**，*m.*）。后者指家火，前者指神火。由此产生了 pro aris et focis 这个说法：为了我们的神火和家火。

此外，Ara 也有别于 **altaria**（**um**，中性复数），后者专指大神的祭坛，人们在上面焚烧祭品。

cella，ae，*f.*

神龛。神在神庙中心的住所。

lucus，i，*m.*

圣林。准确说法是圣林里专用于拜神的空地。人们会在这里建造神庙和柱廊。

nemus，oris，*n.*

林中空地，人们聚集在此举行圣礼。

columbarium，ii，*n.*

“鸽棚”：存放骨灰的壁龛式地下墓穴。

pomerium，ii，*n.*

罗马的某种神圣城界。在这个环形城界里，严禁建筑和农耕。

atrium，i，*n.*

严格说来，该词并不指某个圣地，而是罗马人家里最重要也最基本的房间，一般也就是公用的厅堂。厅内柱子林立，中间有一个水池，上头开着天窗，直接把雨水接入水池。罗马人把家神和祖先的龛位也设在这里。

三、宗教节气

罗马帝国没有通用的宗教历法。以罗马为首的各城邦拥有各自的节日，举行各自的庆典。单单在罗马，就有两类节庆之分，一类是可以溯源至罗马建城初期的重大节日，另一类则是不计其数的小节日，由各个地区、行会、家族或其他社团分别庆祝。

罗马世界存在着两种历法：一种叫农历，以日月星辰运行和农耕劳作为准，另一种叫公历，由行政官和公民创立，强调城邦的生活。公历中又分成为神准备的日子（凶日，传统为109天，其中包括61天的公众节日）和为人类活动准备的日子（吉日，235天，在这些日子中可以进行诉讼活动）。一年之中还有另外一些天虽然不是为神准备的日子，但仍然禁止举行某些活动。古时拉丁历法以农历为主：一年有355天，每两年增加一个月。恺撒对历法进行了改革，从此采用公历。历法就是确立各种节日的日期和意义，事实上，它的构成在时间长河中发生了极大变化，帝国时代的罗马人已然不太了解众多古老节日的起源和含义，有时甚至忘得一干二净。此外，从晚近的研究来看，确立历法很早以前就是一种至为关键的权力争斗内容，而公共宗教节庆的构成深受各种相互对峙的社会政治团体的影响。

fasti dies：预留给诸神的日子（在这些日子里，宜审理案子）

nefasti dies：不属于神、从事劳作的日子（在这些日子里，不宜审理案子）

dies，**ei**（阳、阴性，复数一律阳性）：天（二十四小时）；日；白天（与黑夜相对）；重大日子，大事。

annus，**i**，*m.*：最早指收成（一年的收成），后来指一年时光。古罗马人还有一个女性“年神”，叫阿诺娜（**anona**，**ae**，*f.*），主司每年的收成，往往与谷物女神刻瑞斯（见下文）一起出现，手持火炬和麦穗，另外还有象征丰饶的角，和暗示航海供应粮食的船。刻瑞斯代表谷物的生长，阿诺娜则代表收成。

罗马节庆

古罗马人使用多种历法，这些历法结构复杂。一年中有许多节庆，其中带农耕特色的节庆有（一律为中性复数）：

ceralia：谷物等田间庄稼丰收

uinalia：开启新葡萄酒桶

neptunalia：疏通水流灌溉

furrinalia：挖井

consualia：储藏粮食

meditrinalia：品尝新酒

fontinalia：治理活水和泉水

此外还有一些世俗节庆，比如：

liberalia：成年加袍礼

lemuralia：慰藉未得安葬的死者亡魂

saturnalia：年末欢庆

feralia：鬼节

总的说来，罗马历法构成繁复，不断演变，既体现季节和农耕的时令，又包含各种公共节日、军事节日、拜神节日和罗马历史中的纪念日。历法是罗马平民与几个大家族对峙的关键，随政权的转移而发生变化。此外，并非所有罗马人，而只是某些担任公共职务的人或祭司需要履行公共历法中规定的义务。罗马人积极参与和自己相关的节庆，如私人祭仪，或城邦中的行会祭仪。各地还有各种地方历法，帝国时期发展尤其迅速。

四、宗教活动

罗马宗教与其说是一卷信仰的经解汇编，不如说是一整套要求操作得体的活动。宗教活动分成两大类别，即献祭和占卜。此外，某些宗教活动可能与战争、法律或诸如婚礼等社会生活中的特定活动有关。由于外来宗教、主要是东方宗教不断发展壮大，罗马宗教活动逐渐丧失了原本极其合乎法律形式、注重礼教的特点。

ritus，**us**，*m.*

礼教，礼仪，等同于古希腊文中的 nomos，指某种行为规范和崇拜方式，而不是宗教仪式的具体规定内容。

ceremonia，**ae**，*f.*

复数 ceremoniae 或 sacra（sacrorum，*n.*）指礼仪的规定内容，即按特定次序进行的动作和姿势的整套复杂仪式。比如，让新娘触碰水和火，在拜神时戴着面纱……拉丁语作家们对这些动作的含义做出了层出不穷的解释。

sacra 也指“秘仪”（神秘崇拜仪式，如伊希斯女神的秘仪）。

阿普列乌斯曾说：sacrorum ritu uestusto 依据秘仪的古老做法。

ritus romanus; ritus graecus

“罗马礼教”指罗马传统礼教，“希腊礼教”指从古希腊引进的礼教。但实际情况要复杂得多，“希腊礼教”并不真正是希腊的，反而对应了一整套相当罗马式的规范。简单说来，“罗马礼教”包括遮住头部、献祭前有开场仪式，有专门的分配祭品规定。在希腊的宗教礼仪里，人们不遮住头部，戴月桂花冠，有歌队在一旁唱诵祷歌。

sacrificium, **ii**, *n.*

献祭。这是一种复杂的宗教仪式，在某个开放的场所举行，有相关的人群旁观。献祭仪式由社团首领主持，如家族的父亲、行政长官、公共祭司等。一般情况下，男神收到公的牲畜作为祭品，女神收到母的牲畜作为祭品。有些情况下还使用植物祭品（fruges），如无花果、长在地上的果实。

sacrificium procurare：监督献祭仪式

carmen, **inis**, *n.*

原指带有巫咒魔力或宗教仪式上用的歌曲。

祷歌，咒文

praeparatio, **onis**, *f.*

献祭仪式的前期阶段：把香料或葡萄酒祭洒在家火中。

immolatio, **onis**, *f.*

宰杀作为祭物的牲畜。

oro, as, aui, atum, are

郑重念出一套礼仪规范的说辞，一种咒语；由此引申出“申辩”之义。

以下几个单词均与该动词有关：

oraculum, i, *n.*：神谕，诸神的言语

adorare：对着某个神祈祷，崇拜

exorare：坚请某个神施恩，通过祈求使发怜悯心

libo, as, are, aui, atum:

奠酒祭神，从某物中取一点上供给神。

uotum, i, *n.*

许愿，向神们发的誓愿。

源自两个动词：uoueo, uouere, uoui, uotum“许愿，祝愿，想望”；deuouere“奉献给神”（由此派生出 deuotio“笃信，虔诚”一词）。

古罗马人热衷许愿。许愿就是祈求神给予某种庇佑，作为交换，同时向神庄重许下诺言；不过，该词也指在蒙获神的庇佑之后献上供奉。

在法国东部的洛林地区，人们发掘出一个古代的石灰岩祭坛，上头刻的许愿用语很有代表性：

Ioui optimo maximo et Herculi saxano sacrum. Publicus Talpidius Clemens centurio legionis Ⅷ Augustae, cum militibus legionis eiusdem, uotum soluit libens laetus merito.

“献给仁慈伟大的朱庇特和石神（saxanus）赫拉克勒斯，罗马第八军团百人队长庇布库斯·塔皮狄乌斯·克莱蒙斯及全

体军团士兵在此感恩还愿。”

saxanus 指“石头的，岩石的”。这与上述百人队长及其手下士兵在公元一世纪所执行的任务有关。原来，祭坛所在的地方，原本是个采石场，这些军团士兵在此采石，为罗马城邦的军事和建筑提供石材原料。采石是份苦力活，所以军团士兵会选择向庇护这个采石场的赫拉克勒斯神祈福。祭坛底部的浮雕上还刻有赫拉克勒斯的狼牙棒。由于军团士兵在本质上是为罗马城邦服务，除赫拉克勒斯神以外，他们还敬拜罗马万神殿中最重要的朱庇特大神。

一旦心愿实现，许愿人必须满怀感恩地奉行自己当初许下的诺言。这位百人队长和他的手下士兵就是这么做的。在他们敬献的祭坛顶部有一个凹洞（focus），用来供奉祭仪用的肉、酒、香料和植物等。我们虽然不知道他们具体求了些什么，但不外乎圆满完成任务、保佑全体成员平安等等。祭坛很可能是在完成任务以后才建的。百人队长是这支罗马公民军团的首领，因而可以以祭司的身份，代表全体军团成员，主持这场祭神仪式。

在德国科隆附近，人们发掘出另一个祭坛，也与某个罗马百人队长的许愿有关。他在六个月里捕获了五十头熊，因而向狩猎女神狄安娜还愿。这些熊大概是要放到罗马角斗场里用的。公元107年，在图拉真皇帝的某次庆功大典上，据说有一万一千多头家养或野生的动物被屠杀于各色庄严隆重的竞技赛事里…… *

* 参见 Patrick Faure, “Sept legionnaires en Germanie. L’armée et le gouvernement de l’Occident romain (Ier-IIème siècles après JC)”, in François Chausson, ed., *Occidents romains,* Paris, Errance, 2009, pp.137-166, 尤见 pp.143-147.

euocatio, **onis**, *f.*

某种围绕敌对城邦的城墙公开举行的仪式，目的在于请敌对城邦的保护神（或诸神）离开该城邦，并许愿在罗马城里为他们设立神庙和崇拜仪式。

deuotio, onis, *f.*

把敌军应许给某些神，也就是说诅咒对方死。在罕见情况下，人们还可以在一场战争中把自己应许给死亡：诸神接受自我诅咒的人的性命，作为交换协助他们消灭敌人。

foedus, foederis, *n.*

盟约

与动词 fido［相信，信任］、名词 fides，ei，*f.*［信任，信仰］相关。

fido，fidere，fisus sum：相信，信赖

pro deum fidem：我以诸神为证。

mysta, ae, *m.*

被接纳参加某种秘教仪式的人。

阿普列乌斯描述了某次参加秘仪的经历：nocte media vidi solem candido coruscantem lumine，deos inferos et deos superos acessi coram et adoraui de proximo 深夜里，我亲见太阳放出灿烂的光，我面朝着低处的神们和高处的神们，靠近他们，在近旁崇拜他们（参见本书第七篇）。

mysterium, ii, *n.*

秘仪，献给某个神灵的秘密仪式，只有被接纳的信徒才可以参加。

confarreatio, onis, *f.*

一种古老的罗马婚礼形式，带有特定的宗教仪式。这样结成的婚姻是不可分离的（禁止离婚）。由于罗马人离婚相当普遍，这

种婚礼形式渐渐被废止，但朱庇特的祭司必须遵行这种婚礼传统。

五、宗教执行者

罗马人崇拜诸神，有众多经手执行人，这份名单是没有上限的。所有家族的家长都是宗教执行者，由他主持家庭内部的崇拜仪式，一般是敬拜本族祖先。大多数公共活动仪式由一个民事或军事行政官主持：一切公共活动均是宗教性的。此外，还有一些祭司（sacerdos）专门负责某个神的崇拜仪式，尤其罗马万神殿中最重要的大神。我们对这些祭司所知甚少，他们有各种各样的社会身份。妇女可以担任一定的职务，一般是做助手。

还有一点值得注意，罗马宗教领域带有职权分配的特点：大多数仪式由两个人执行，前一个人是“主动的”（由贵族选出，负责召集众人，主持仪式活动），后一个人是“被动的”（由诸神通过抽签或别的方式选出，记录前一个人念出的咒语，他的在场使整个仪式生效）。在世俗生活中，同样存在这种“主动”和“被动”之分：执政官履行主动的职权，与此同时，祭司在一旁通过自身的被动在场确保这些行为生效。祭司和女祭司结成夫妇，同样带有这种职权分配特点，最有名的例子莫若朱庇特的祭司和他的妻子。

最后一点，在罗马人的眼里，诸神生活在人类之中，干预人类的世界，因此，我们也可以把他们视为罗马宗教的“执行者”。

1．公共崇拜

haruspex，icis，*m.*

依据祭祀用动物的内脏占卜未来的人。

如下几个词有严格的语义区分：

——haruspex：观察祭祀用动物内脏的人；

——auspex：观察鸟飞的人；

——extispex（较少见）：专门观察祭祀用动物内脏的重要部位的人。

这些词汇均属占卜技艺术语。

此外还有 **hariolus，i**，*m.*（占卜人），**hariola，ae**，*f.*（占卜女人），常用于谐称，带贬义。

auspex，icis，*m.*

鸟占者，预言者（或多或少与 augur 同义，参看词条 augur。）

由两个词合并生成：auis，is，*f.*“鸟”和 specio，ere，spexi，spectum“看，观看，观察”。

auspicium，ii，*n.*

用鸟占卜

augur，uris，*m.*

占卜师（通过观察鸟的飞行、食物或鸣啼来预言未来的祭司团成员）

augurium，ii，*n.*

根据征兆（尤其鸟的飞行）的预言；先兆、征兆、预言、预感。

auguria impretatiua（中性复数）

求神给出的征兆

比如，李维在提及罗马第二个国王弩玛·彭庇里乌斯时讲道：

Accitus，sicut Romulus augurato urbe condenda regnum

adeptus est, de se quoque deos consuli iussit. Inde ab augure, cui deinde honoris ergo publicum id perpetuumque sacerdotium fuit, deductus in arcem, in lapide ad meridiem versus consedit. Augur ad laevam eius capite uelato sedem cepit, dextra manu baculum sine nodo aduncum tenens quem lituum appellarunt. Inde ubi prospectu in urbem agrumque capto deos precatus regiones ab oriente ad occasum determinavit, dextras ad meridiem partes, laevas ad septentrionem esse dixit; signum contra quo longissime conspectum oculi ferebant animo finiuit; tum lituo in laevam manum translato, dextra in caput Numae imposita, ita precatus est: "Iuppiter pater, si est fas hunc Numam Pompilium cuius ego caput teneo regem Romae esse, uti tu signa nobis certa adclarassis inter eos fines quod feci." Tum peregit verbis auspicia quae mitti vellet. Quibus missis declaratus rex Numa de templo descendit.（Ab Urbe Condita, I, 18, 6-10）

在被召回罗马后，他想效法罗慕路斯，先求问占卜师、了解诸神的旨意，再着手建立城邦和确立王权。有个终身担任公共神职的占卜师带努玛上卡庇托利欧山。在山上，他让新王坐在石上，脸朝南方；他本人头戴面纱，手握光洁无瑕的弯杖，杖又名lituus，站在新王左边。接着，他环视城邦和乡野，向诸神祈祷；他在意念中给兼带西方和东方的空间划定想象的界限，南方在右，北方在左；然后，在视野能及的范围里，他在正前方设定一个想象的圆点。最后，他左手握着lituus，右手按在努玛头上，开始祷告："伟大的朱庇特啊，倘若神的意愿要让我此刻按着头的努玛统治罗马人，请以确凿的征兆将这个意愿传达给我们，就在我刚才设定的空间范围内。"于是，他规定了自己所求见的征兆，当这些征兆一一显现之后，被宣布为王的努玛离开了神庙。

（lituus, i, m. 占卜师手持的杖；又指喇叭，军号。西塞罗把这两层意思融合起来，说占卜师的杖和军号同样都在传递某种信号。）

auguria oblatiua（中性复数）

自行发生的征兆，也就是神们主动给出的征兆。

exta, orum（中性复数）

祭祀用动物的内脏（占卜术语），占卜师观察的内脏部位包括肝脏、胆囊、心脏和肺部。

hostia, ae, *f.*

最初指为赎罪而宰杀的牺牲，用以平息诸神的愤怒，后来指一般意义的牺牲。与此相对的是 **uictima, ae,** *f.*，指为感谢神恩而宰杀的牺牲。

uirgo vestalis（**uirgo, inis,** *f.* 处女，姑娘）

维斯塔的女祭司。维斯塔是古意大利女神，主司家火。在不同年代，维斯塔的女祭司有四到七名不等。她们由司祭长（pontifex maximus）在六到十岁的女童中选出，履行圣职三十年，守护集会广场上的维斯塔神庙里的公共圣火。在履行圣职期间，她们要严守贞操，以象征圣火的纯洁。若有哪个维斯塔的女祭司被发现触犯了这条誓愿，就要被活埋（uiua defossa）在位于城邦中心的罪行场（campus sceleratus）。这种酷刑鲜少得到执行，不过，当城邦遭遇巨大灾难时，人们首先会怀疑维斯塔的女祭司。圣火熄灭会引起巨大的骚乱；人们相信，只有圣火常在，城邦才能生生不息。

sacerdos, sacerdotis, *m.*

通过世袭或选举而担任祭司职务的人，可以同时担任其他行政职务。

pontifex, icis, *m.*

大司祭，同时还是行政长官在传统崇拜礼仪和神圣法则方面的顾问团成员。

collegium pontificum：大司祭团。

pontifex maximus：司祭长，大司祭团的首领。司祭长享有极高威信：他先由贵族初选，再经全体公民选举，最后由人民代表甄定。自奥古斯都以来，皇帝直接担任司祭长的职务。大司祭团（collegium pontificum）包括不同人数的大司祭（罗马建城初期三名，帝国时代有十九名）、司祭王（rex sacrorum）和司祭后（regina sacrorum）（这对神职夫妇负责监督圣礼是否得到严格奉行）、三名祭司长（朱庇特、玛尔斯和克维里努斯三神的祭司）、十二名二等祭司和六名维斯塔女祭司，帝国时期还包括被奉为神的皇帝们的祭司。此外还有占卜师团，和众多次要的宗教执行者的团体。

flamen, flaminis, *m.*

祭司。

该词常用来对比梵文中的 brahmane［婆罗门］。

祭司只侍奉一个神的崇拜。祭司团由十五名祭司组成，含三名祭司长和十二名二等祭司，有的祭司由司祭长指定，有的则由公民大会选出。

乔治·杜梅齐尔比较了印度婆罗门和罗马祭司。三名罗马祭司长主持朱庇特、玛尔斯和克维里努斯三神的敬拜仪式，这三个神分别代表了三种统治功能：神圣、战争和繁衍。杜梅齐尔从中得出了印欧社会的“三功能理论”（君权和神权、战争、劳动），这种三分式存在于所有印欧人的语汇、社会结构和传说汇编之中。

比如，我们可以把欧洲中世纪社会分为三大等级：oratores（“负责祷告的人”，即教士）、bellatores（“负责战争的人”，即贵族）和 laboratores（“负责劳作的人”，即第三等级）；同样可以把印度社会分成三大种姓：婆罗门（祭司、学者、教授吠陀的人）、刹帝利（王族、贵族和士族），还有细分为吠舍（工匠、商人、农夫、牧人）和首陀罗（奴仆）的劳动阶级。杜梅齐尔还指出，罗马建城的官方历史恰恰反映了同一种结构性的意识形态。

uxorem si amisit，flaminio decedit ：他妻子死后，他辞去了［朱庇特的］祭司这个荣耀的职位。

Dialis

朱庇特的，属朱庇特神的。与 dies［白天］、deus［神］同根。

flamen Dialis：朱庇特神的祭司。

2. 诸神

numen，**inis**，*n.*

神威，神力。

fatum，**i**，*n.*

命运，天数。神们在一个人出世时宣告此人的命数。命运常被人身化和神化。阴性复数形式 fata，ae 常用来指命运三女神。在现代西方语言中，这个写法得到沿用，一般指“仙女”，“仙境”。

Fatum 还指不幸，人们所恐惧的东西，以及命运的必然结局，即死亡。

三名机缘女神（约公元160年，卢浮宫馆藏）

这三名戴着雉堞形头冠的机缘女神象征不同的城市。据考古学家 Bernard de Montfaucon（1655—1741）的介绍，这件浮雕出土于亚壁古道，17世纪列入博尔盖塞家族珍藏品，原本可能在2世纪赫罗德斯·阿提库斯为纪念妻子而建造的刻瑞斯神庙里。

Iuppiter（Iouem，Iouis，Ioui，Ioue）

朱庇特。

Iuppiter 之名，很可能源自 diu-pater 的变体：天—父。

Epulum Iouis

“朱庇特的会饮”，每年9月13日由元老院成员在朱庇特神庙举行。

Ceres，Cereris，*f.*

该词原指谷物的生长，很快成为谷物女神的名字，音译“刻瑞斯”，大概等同为古希腊神话中的德墨特尔。谷物女神由一名从外邦女子（住在罗马城但非罗马公民的女子）中选出的女祭司侍奉。在被任命为女祭司时，这名外邦女子也就获得了城邦公民权。

Ianus，i，*m.*

该词原指过渡、通道，尤指带拱门的通道，罗马钱商和货币兑换者往往聚集在这种地方；但也指过渡之神雅努斯（Ianus），他有一个头，却有两张相对的脸，他的神庙有两个相对的门；雅努斯门一般有四条通道。一月（Ianuarius）是献给雅努斯神的月份，象征从旧年向新年的过渡。

Mercurius，i，*m.*

墨丘利神，交易和通商之神，对应希腊神话中的赫耳墨斯（Hermes）。比较下面两个词：merx，mercis，*f.*（商品，货物）；commercium，i，*n.*（商行，商品；交易，一般意义的商业）。

Saturnus，i，*m.*

萨图努斯神，乌兰诺斯和维斯塔之子，朱庇特、朱诺、普鲁同、尼普顿等神的父亲。原是拉丁姆地区的神，后来成为农神和时间之神（这与萨图努神往往被等同为古希腊的克洛诺斯神有关）。

农神节（saturnalia）本在每年的12月17日，帝国时期延长为四天。这个节日的本义在于追忆拉丁姆地区在雅努斯神和萨图努斯神（当时萨图努斯神被儿子朱庇特篡夺王权，被迫流亡）共同治下的“黄金时代”（即生存条件的绝对平等）。显然，在罗马建城之前就有农神节了。在节庆期间，奴隶们可以自由地行动和发表言论，并受到主人的平等对待。

十二神坛（公元一世纪，卢浮宫馆藏）

这件石雕的最初用途已无可考证：某种祭坛，还是未完工的井栏？上头饰有十二星相图和十二个古罗马神。图片上方，美神维纳斯挨着战神玛尔斯，中间是小爱神丘比特。沿顺时针方向依次是：持闪电的神王朱庇特、戴战盔的密涅瓦、日神阿波罗、神后朱诺、带三叉戟的海神涅普图努斯、火神伏尔甘、神使墨丘利，带箭筒的狩猎女神狄安娜、地母神刻瑞斯。

Bacchus, i, *m.*

巴刻库斯神，主司葡萄种植、酒和酒醉的神，这是罗马人沿用古希腊神话的一个好例子。巴刻库斯神既承袭了古希腊酒神狄俄尼索斯（Dionysos）的特征，又带有古意大利的丰收神（Liber Pater，我们对这个神所知甚少）的特点。酒神节（bacchanalia）是向巴刻库斯神致敬的带有放荡猥亵风味的节庆，最初的参加者仅限女性，后来男女都有。

某些罗马神的主司范畴（正是出于这个原因，不同行业的人才敬拜不同的神）：

Iuppiter：朱庇特，对应希腊神话中的宙斯（Zeus），主司王权，主权。

Iuno：朱诺，对应希腊神话中的赫拉（Hera），主司婚姻，分娩。

Minerua：密涅瓦，对应希腊神话中的雅典娜（Athena），主司技艺。

Appolo：阿波罗，主司秩序，净化，预言，常又称作Medicus，即医生。

Bona dea：波纳·德娅（即善好女神），只接受女性敬拜，主司痊愈，康复。

Diana：狄安娜，对应希腊神话中的阿尔忒弥斯（Arthemis），主司繁殖。

Faunus：法努斯，对应希腊神话中的潘神（Pan），庇护农耕地以外的田野森林。

Fortuna：命运女神，对应希腊神话中的狄刻女神（Tyche），主司机遇，运气。

Hercules：赫拉克勒斯，他完成了一系列显赫的英雄业绩，是所有大胆敢干者的守护神。

Isis：伊希斯，救难女神，水手常向她祈福。

Mars：玛尔斯，对应希腊神话中的阿瑞斯（Ares），战争暴力神，被视为罗慕路斯和罗马人的庇护神；军队的守护神。

Neptunus：涅普图努斯，对应希腊神话中的波塞冬（Poseidon），庇护地下水，海洋。

Quirinus：克维里努斯，象征全体公民的统一体，一般又等同为神化的罗慕路斯。

Venus：维纳斯，对应希腊神话中的阿佛洛狄特（Aphrodite），象征被禁忌的魅力。

Vesta：维斯塔，对应希腊神话中的赫斯提亚（Hestia），守护圣火和家园。

Vulcanus：伏尔甘，对应希腊神话中的赫淮斯托斯（Hephaistos），火神，主司与火相关的锻造等行业。他是罗马天然海港城市奥斯提（Ostia）的庇护神（大部分城市都有一个庇护神）。

我们还会在下文的文本阅读中遇到别的一些神。

罗马人：邻近民族宗教的记录者

在印欧世界所信奉的神灵中，罗马神只是其中之一。罗马人不断加深对整个印欧世界的宗教的认识，这也从某种程度上决定着他们自己的信仰。比如，尤利斯·恺撒在《高卢战记》（*De bello gallico*）第六章中提到了高卢人的宗教，这些记载在古代著作中堪称绝无仅有，但也很有争议，许多历史学家相信，高卢人从来没有做过恺撒所说的这些事。不过，恺撒的记载的真正意义也许在于，我们得以从中了解，一个古罗马人如何从自身的礼教和信仰出发去评估其他宗教，并衡量其中的相似和差异。

“整个高卢民族极其醉心宗教事务；一旦患染重病，或身处战事和危难之中，人们要么屠杀活人作为牺牲，要么发愿献上活人祭，并为此向德鲁伊祭司求援。他们相信，想要赎回一个人的性命，必然要以牺牲另一个人的性命为代价，只有这样，不死的神们才会平息怒气；他们甚至还建立了这类活人祭的公共制度。有时候，他们用柳藤编成体积庞大的人偶，把活人丢到里头，点着火，活活烧死。他们相信，对那些被证实犯下了偷盗、抢劫或其他罪行的人施加酷刑，会更讨不死的神们欢心；不过，当没有什么罪犯时，他们也会折磨无辜的人。他们最崇拜的神是墨丘利。有很多他的神像；他们认为他是一切技艺的创造者，旅行者的向导，主司各种收入和交易。此外，他们还崇拜阿波罗、玛尔斯、朱庇特和密涅瓦。他们对这些神的理解与其他民族大抵相同。阿波罗救治病人，密涅瓦传授各种行业和手艺，朱庇特执政天庭，玛尔斯主管战争；当他们决定开战时，通常会向玛尔斯许愿，把敌方战利品献给他。他们把掠获的牲口的骸骨祭献给他，多余的战利品也摆在公共的供奉处；在很多城市，我们可以看到大量战利品堆在圣所。没有哪个高卢人胆敢藐视宗教，把战争中取得的战利品偷偷占为己有，或抢夺放在这些供奉处的东西。最残忍的酷刑和拷打就是针对这类偷窃的。高卢人自诩为 Dis Pater（直译："父神"）的后裔，声称这是德鲁伊祭司保留下来的传统说法 。因此，他们计算时间不是按天算，而是按夜算。他们认为白天跟在黑夜后面走，用这种方法计算生日、月份和年份的开始。"

这里提到的 Dis Pater 特别有意思。在罗马信仰语境里，这其实是一个地府里的神，极为古老，相当神秘，渐渐被等同为冥王普鲁同。我们不知道，恺撒称为 Dis Pater 的神究竟有个什么高卢名。不过，凯尔特民族似乎奉行着献给某个地下神祇的重要祭仪，毫无疑问，死者的灵魂正是在这个神祇的国度里得以转生，而灵魂转世似乎是德鲁伊信仰的重要环节。正因为灵魂在这个地下国度转生，恺撒才会说高卢人全是 Dis Pater 的后裔，并且在计算时间时先有夜晚后有白天。

3. 家族崇拜

Lar，**is**，*m.*

家神，保护神，祖先的亡灵。罗马人似乎是从伊特鲁利亚人那里学会了敬拜家神。在伊特鲁利亚人那里，这些神并不施行善恩，反是充满敌意的恶神，必须不惜任何代价取得和解。稍后他们才变成庇护的神灵。另见 **lararium**，**i**，*n.*：放置于家中的家神神龛。家族祭仪在此举行：圣火一直点着不熄，每日上供葡萄酒、面包、果实等祭品。

Penates, ium, *m. plur.*

家神，护国神。引申为家宅本身。

lares 和 **penates** 的区别如下：前者庇护整个家族赖以生存的“土地”；后者庇护家宅中最幽暗的部位，比如食神。

Dii manes

神圣的亡灵，死者的魂灵。葬礼之后，死者加入神圣亡灵群体。Manes 指死者的魂灵；在葬礼或鬼节（parentalia，每年的2月13—22日）上，人们在坟墓边焚烧供给亡灵的祭品（香料、油、酒）。

罗马人的坟墓一般设在靠近城邦出口的路边，规模和装饰各异。一般会饰以花圈，供奉着酒和食物。生者必须给死者一个住所（也就是坟墓），否则他们会纠缠活着的人们。另外，为了讨死者欢喜，坟墓不应该离活人的住所太远。在庞贝的一座古墓上刻着几行字：“罗里乌斯被安葬在路边，以便人们经过时对他说：你好啊，罗里乌斯。”在土葬的情况下，死者生前的一些财宝要陪葬；如果是火葬，则要和尸身一起火化。

文本阅读

这里的十二篇短文从不同角度介绍了古代罗马宗教及其与其他宗教的相遇。我们不仅借助这些短文学习拉丁语的词汇和结构，同时还了解它们的作者，以及它们摘引自哪部著作，从而在进一步修习拉丁语的同时，深入认识古罗马人的宗教世界。

这些短文紧接在词语汇释之后，文中有好些单词刚刚学过。读者掌握了基本的语法，又学习了相关词汇，可以尝试着直接从原文阅读这些文本，尽管有些费解的句法难点还是不免存在。每篇短文附有汉译，译文力求贴近原文，但受西语与汉语习惯差异所限，常常不得不在语序上做出调整。

一、西塞罗：论占卜（《论占卜》I，2）

西塞罗（Marcus Tullius Cicero），生于公元前106年，公元前43年被杀害。作为活跃的政治人物、杰出的演说家和哲学家，西塞罗在罗马政治舞台上扮演了显要的角色，但后人对其政治活动的评价有一定分歧。在他所生活的公元前一世纪，正逢政治风云突变，各种敌对势力针锋相斗，他天性长于心智，不擅行动，有时反因禀赋过高而优柔寡断，不能采取果决立场。

西塞罗写下了好些与古罗马宗教相关的著作。《论神性》（*De natura deorum*）谈及三类迥异的思想。西塞罗先后驳斥了伊壁鸠鲁学派的无神论和斯多亚学派的虔敬，但他本人的信仰观却相当隐晦。他认为，相信诸神存在并对人世有益，这对政府和公众道德而言极其重要。他相信诸神存在，仅仅因为这是一个人人共有的观点，而在他眼里，普遍意见等同于自然法则（consensus omnium populorum lex naturae putanda est：人人共有的观点应被看成顺应自然法则）。他似乎把大多数神视为同一种自由至上的精神的表现，这种精神不但感知和激发一切，还处于永恒的运

直到今天，罗马的天空依然有许多鸟飞过。

动变化之中。我们这里援引了《论占卜》(*De diuinatione*) 开篇的一段浅白得多的文字：西塞罗充满批判意味地提到执政官担当占卜职务这一传统。

Nec unum genus est divinationis publice privatimque celebratum. Nam, ut omittam ceteros populos, noster quam multa genera complexus est! Principio huius urbis parens Romulus non solum auspicato urbem condidisse, sed ipse etiam optumus augur fuisse traditur. Deinde auguribus et reliqui reges usi, et exactis regibus nihil publice sine auspiciis nec domi nec militiae gerebatur. Cumque magna vis videretur esse et impetriendis consulendisque rebus et monstris interpretandis ac procurandis in haruspicum disciplina, omnem hanc ex Etruria scientiam adhibebant, ne genus esset ullum divinationis quod neglectum ab iis videretur.

词汇

nec（或 **neque**，连词）：也不

genus, eris, *n.*：(1) 来源，家世，出身 (2) 种族，人种，民族 (3) 家族，同族 (4) 种类，类别

celebro, are, avi, atum：多次来往；庆祝，祝贺；使人共知，赞扬

publice, *adv.*：以国家名义，官方地，公共地

privatim, *adv.*：以私人名义；在自己家里

nam（连词）：其实，因此

omitto, ere, missi, missum：放松，避而不谈

ceterus, a, um（常用于复数）：其余的，别的

trado, ere, didi, ditum：转交，委托，供出，传授

optumus = optimus：**bonus** 的最高级，最好的，极好的

condo, ere, didi, ditum：建设，建立

urben condere：建立一座城邦

exactis regibus：驱逐国王们以后

gero，ere，gessi， gstum：（1）携带，穿戴，产生（**personam gerere**：扮演一个角色）（2）从事，执行，指挥（**bellum gerere**：作战）

impetro，are，avi，atum：请求到，获得

consulo，sulere，sului，sultum：商议，商讨，深思熟虑

monstrum，i，*n.*：奇事，怪现象

procuro，are，aui，atum：（1）关怀，照顾（2）在出现奇迹时献祭求恩或赎罪

adhibero，ere，bui，bitum：运用，应用，依附，增加

ad consilium aliquem adhibere：让某人参加元老院

ullus，a，um：无论怎样的，（没有）一个人（一般带有假设或否定意义）

non ulla causa：无论如何

译文

占卜的程式不止一种，有的用于公共事务，有的用于私人。且不谈别的民族，在我们这儿又缺过哪些占卜形式呵！据传统说法，最初的罗慕路斯，我们的城邦之父，不但求了鸟占（auspicato）才去建城，而且本人就是一个出色的占卜师（augur）。在他之后的国王们也常求教占卜技艺（auguribus）。在他们下台以后，无论涉及内政还是军事，人们从不忘求问鸟占（auspiciis）。依据祭献的牲畜内脏占卜（haruspicum），这项技艺据说非常重要，一般用来预测未来，妥善处理事态，或解释奇迹，采取必要的相应措施，为了显得没有遗漏任何占卜程式，我们向伊特鲁利亚借用了这门技艺的全套规范。

批注

西塞罗的文章堪称古典文风的典范。这篇短文运用了一些雄辩技巧，强调存在多种占卜形式，为下文批评这些形式的真实性埋下伏笔。

注意下面这个句子的用法：Romulus（non solum）… condidisse，（sed ipse etiam）…augur fuisse traditur（据传统说法，罗慕路斯不仅是建城者还是占卜师）。动词 traditur 和 videretur 在这里表示引证或转述传统的观念、信念。关于占卜，不存在“真相”之争，而只有得到引证或转述的传统，有的传统对公共利益有利，有的则触及道德、公益和理性。

在本文和接下来的几篇短文中，我们遵守众多传统版本的做法，区分 u 和 v 这两个字母，但事实上，古代拉丁语拼写中没有类似区分，同一个字既可以写成 videretur，也可以写成 uideretur。

西塞罗也提到罗慕路斯行占卜，并援引了好几种记载，特别是埃尼乌斯（Ennius，前239—前169）的《年鉴》，这份古代文献中记录着一个罗马建城神话——孪生兄弟罗慕路斯和雷穆斯的纷争：

“雷穆斯等鸟儿出现。漂亮的罗慕路斯也站在阿梵丹山顶，观察带翅一族的飞行。他们为给城邦命名罗马还是雷莫拉而争执不下。全城的人们都在焦急等待，谁将成为首领。……然而，日头消隐，夜的苍穹渐渐暗淡；过了一会儿，日光再次射出，白色的光照重现。很快，高空出现一只鸟儿，在左边，金色的太阳升起。有三次，四只神圣的鸟飞在空中，并保持一种有利的方向。罗慕路斯明白自己占了先机。”

二、奥卢斯·格利乌斯：朱庇特的祭司（《阿提卡之夜》，X，15）

奥卢斯·格利乌斯（Aulus Gellius，128 － 180），拉丁语作家，语法学家。《阿提卡之夜》（*Noctes Atticae*）是一部涉及语法、几何、哲学、历史等不同主题的笔记汇编。这里的短文仿效编年史家 Fabius Pictor 写于公元前200年的一段文本，列举朱庇特的祭司和他的妻子必须遵行的诸种禁忌和义务。

Equo Dialem flaminem vehi religio est; item religio est classem procinctam extra pomerium，id est exercitum armatum，videre; idcirco rarenter flamen Dialis creatus consul est，cum bella consulibus mandabantur; item iurare Dialem fas numquam est; item anulo uti nisi pervio cassoque fas non est. Ignem e "flaminia"，id est flaminis Dialis domo，nisi sacrum efferri ius non est. Victum，si aedes eius introierit，solvi necessum est et vincula per impluvium in tegulas subduci atque inde foras in viam demitti. Nodum in apice neque in cinctu neque alia in parte ullum habet. Si quis ad verberandum ducatur，si ad pedes eius supplex procubuerit，eo die verberari piaculum est. Capillum Dialis，nisi qui liber homo est，non detonset. Capram et carnem incoctam et hederam et fabam neque tangere Diali mos est neque nominare. Propagines e vitibus altius praetentas non succedit. Pedes lecti，in quo cubat，luto tenui circumlitos esse oportet et de eo lecto trinoctium continuum non decubat neque in eo lecto cubare alium fas

祭司像（公元250至265年，卢浮宫馆藏）

古罗马祭司必须遵行多种禁忌，同时只侍奉一个神的崇拜。除三名祭司长分别主持朱庇特、玛尔斯和克维里努斯三神的敬拜仪式外，另有十二名二等祭司。帝国时期还出现了专事皇帝敬拜仪式的祭司。

est neque ... Apud eius lecti fulcrum capsulam esse cum strue atque ferto oportet. Vnguium Dialis et capilli segmina subter arborem felicem terra operiuntur. （...）Vxorem si amisit，flamonio decedit. Matrimonium flaminis nisi morte dirimi ius non est. Locum，in quo bustum est，numquam ingreditur，mortuum numquam attingit; funus tamen exsequi non est religio.

朱庇特敬拜仪式（卡庇托利欧博物馆馆藏）

马尔库斯·奥勒里乌斯皇帝向朱庇特大神献祭，朱庇特的祭司站在皇帝身后，头戴祭司帽。

词汇

item, *adv.*：同样地

classis, **is**, *f.*：(1) 等级，部队 (2) 航队，海军（注意：很可能是来自伊特鲁利亚的外来词。起先指应征入伍的公民组成的不同小组，后来指部队。渐渐地，**exercitas** 专指陆军，**classis** 指海军。）

procinctus, **a**, **um**：佩好腰带的，做好战斗准备的

cingo, **is**, **ere**, **cinxi**, **cinctum**：围绕，系上

extra（介词＋宾格）：在外

idcirco：因此，由于这种原因

rarenter：极少地，罕见地

mando, **as are**, **aui**, **atum**：委托，预定

annulus, **i**, *m.*：指环，戒指

peruius：可通行的

cassus, **a**, **um**：空的，缺乏的

ignis, **is**, *m.*：火

effero, **effere**, **extuli**, **elatum**：(1) 带出，运出，输出 (2) 发出，（土地）生出，长出 (3) 提高，提升 (4) 公开，泄露，宣扬

introeo, **iis**, **ire**, **ii**, **itum**：进入

soluo, **is**, **ere**, **solui**, **solutum**：(1) 解除，解决 (2) 解开，放纵

impluuium, **ii**, *n.*：(1) 蓄水池 (2) 天窗，气窗

tegula, **ae**, *f.*：瓦

tego, **is**, **ere**, **texi**, **tectum**：蒙，盖

subduco, **is**, **ere**, **duxi**, **ductum**：从下往上拖，拉出

inde, *adv.*：自，从

foras, *adv.*：在外，往外

demitto, **is**, **ere**, **misi**, **missum**：放下，降下，使向下

nodus, **i**, *m.*：花结，扣

apex, **apicis**, *m.*：圆锥帽（祭司帽）。该词本指动物的羽冠、头盔上端的饰章、屋脊，等等；后来指祭司帽的帽尖，上头有用一簇羊毛拴着的小梗；最后才指祭司帽本身。

uerbero, **as**, **are**, **aui**, **atum**：抽打，毒打

supplex, **plicis**：求饶的，恳求的

procumbo, **is**, **ere**, **cubui**, **cubitum**：俯身，仆倒

piaculum, **i**, *n.*：罪过，渎神

capillus, **i**, *m.*：头发

detonso, **as**, **are**（无完成时和目的分词）：剪（毛，发）

capra, **ae**, *f.*：山羊

caro, **carnis**, *f.*：（动物的）肉，果肉

incoctus, **a**, **um**：没有煮熟的，生的

hedera, **ae**, *f.*：常春藤

faba, **ae**, *f.*：蚕豆

propago, **ginis**, *f.*：（葡萄）新枝

uitis, **is**, *f.*：葡萄

alte, *adv.*：高高地

praetendo, **is**, **ere**, **tendi**, **tendum**：伸出，在自己面前拿着

succedo, **is**, **ere**, **cessi**, **cessum**：（1）走到里面（2）接替，承继

lectus, **i**, *m.*：床

cubo, **as**, **are**, **cubui**, **cubitum**：躺，卧

lutum, **i**, *n.*：泥土，污垢

tenuis, **e**：薄的，细的

circumlinio, **is**, **ire**,（无完成时），**litum**：涂抹

oportet, **ere**, **uit**（无人称）：必须，应该

trinoctium, **ii**, *n.*：三夜

fulcrum, **i**, *n.*：床脚，支撑物

capsula，ae，*f.*：小匣子，首饰盒

unguis，is，*m.*：指甲

segmen，minis，*n.*：剪、切、砍下的碎骨，碎块

seco，as，are，secui，sectum：剪、切、砍

subter（介词＋宾格）：在下，向下

felix，icis：(1) 肥沃的，丰饶的（**arbor felix**：盛产果实的树），顺利的，为神所眷顾的 (2) 有利的，带来幸福的

uxor，oris，*f.*：妻子，配偶

amitto，is，ere，misi，missum：丧失

flaminium，ii，*n.*：祭司的职务、头衔

dirimo，is，ere，emi，emptum：分开，拆开，中断

bustum，i，*n.*：(1) 焚尸的柴堆 (2) 坟墓

mortuus，i，*m.*：男性死者

attingo，is，ere，tigi，tactum：碰，触摸

funus，neris，*n.*：葬礼

exsequor，eris，i，cutus，sum：陪伴

译文

朱庇特的祭司骑马出行是渎神的；同样，他在神圣城界以外看见武装的军队也是渎神的；朱庇特的祭司也极少担任执政官，因为战事往往委托给执政官。同样，朱庇特（的祭司）不得发誓；同样，他不得戴戒指，除非是开口指环，又未镶（宝石）。除圣火外，他不得在自家（flaminia：朱庇特祭司的家）以外点火。若有被捆绑的人进他家，这人应被松绑，用（屋）瓦割开绳索，推出门，赶到街上。他不应在圆锥帽、腰带或衣服上佩带任何花结。假设有人要被拉去毒打，却仆倒在他脚前求饶，这一天里鞭打此人罪不可赦。除了自由民，谁也不得为朱庇特（的祭司）理发；

朱庇特（的祭司）不得碰到或说到山羊、生肉、常春藤和蚕豆。他不得穿过葡萄枝搭成的拱门。他睡的床要用细泥抹床脚；（并且他）不得连续三夜睡别的床，别人亦不得睡他的床；床角要放一只装有仪式用糕点的盒子。朱庇特（的祭司）剪下的指甲和头发要埋在盛产果实的树下……他的妻子若去世，就要免去他的祭司职务；除非一方死亡，祭司的婚姻永不得中止。他不得走近放有焚尸柴堆的地方；他不得碰触死人；不过，参加葬礼不算罪过。

批注

这篇短文带有陈述法律规定的笔调，充分显示了朱庇特祭司的神圣性。与别的印欧文明相比（比如印度），这样通过某些神职人员的禁忌而强化的神圣性在罗马愈来愈罕见。罗马以政治调控宗教权威，不可能形成类似印度那样的婆罗门种姓。因此，朱庇特祭司无疑代表了某种幸存下来的极为古老的社会等级：唯其古老，所以更具魅力。

行文很好地呼应了朱庇特祭司必须遵行的种种规定的严格性：(1) 精确的用词技巧；(2) 相同句式和无人称式（表禁令或义务）的排比运用；每个规定前重复使用 item... item neque ; ...neque ... 句式。有几处使用虚拟式和直陈式现在时，以避免行文的单调。

本文中提到的禁忌其实没有表面看上去那么古怪费解。比如，禁止戴没有开口的戒指、佩戴花结、用绳子捆人等，均源自同一种信仰：圈住某人身体的一部分，也就是把这人的超自然力量圈在他体内，妨碍他在外在世界行动。因此，祭司必须提防自己的身体被“圈”住，才能把朱庇特的仁慈力量散播到整个城邦。再比如，禁止从葡萄枝下穿过，表明祭司要小心避免酒醉；剪下的指甲和头发常常用在诅咒人的巫术中，因此朱庇特的祭司要避免陷入被诅咒的圈套，以防自己的神圣力量被扭曲。

古印度婆罗门也有众多相似的禁忌：不得在骑马或军中修习经文，不得作为证人被引述；不得食用供奉过神的熟肉；不得酒醉等等。

三、李维：盟约仪式（《罗马自建城以来的历史》，I，24，3—9）

李维（Titus Liuius，前59—前17）是最著名的拉丁语历史学家之一。《罗马自建城以来的历史》（*Ab Vrbe condita*）留下了罗马历史中最不为人知部分的珍贵记载。古罗马人把宣战和休战视为神圣的行为，由专门的神职人员举行仪式。本文提到的协议起因是这样的：王政时代第三个国王图路斯·荷斯提理乌斯（Tulius Hostilius）统治时期，罗马人和阿尔巴人征战多年，决定缔结休战盟约，根据传统做法，双方各派三名代表当场决赛，以裁决战争胜负。罗马人派出了荷拉斯三兄弟，阿尔巴人派出了古利阿斯三兄弟。

Foedera alia aliis legibus，ceterum eodem modo omnia fiunt. Tum ita factum accepimus，nec ullius vetustior foederis memoria est. Fetialis regem Tullum ita rogavit: “Iubesne me，rex，cum patre patrato populi Albani foedus ferire？” Iubente rege，“Sagmina” inquit “te，rex，posco.” Rex ait: “Puram tollito.” Fetialis ex arce graminis herbam puram attulit. Postea regem ita rogavit: “Rex，facisne me tu regium nuntium populi Romani Quiritium，uasa comitesque meos ？” Rex respondit: “Quod sine fraude mea populique Romani Quiritium fiat，facio.” Fetialis erat M. Valerius; is patrem patratum Sp. Fusium fecit，verbena caput capillosque tangens.

Pater patratus ad ius iurandum patrandum, id est, sanciendum fit foedus; multisque id verbis, quae longo effata carmine non operae est referre, peragit. Legibus deinde, recitatis, "Audi" inquit, "Iuppiter; audi, pater patrate populi Albani; audi tu, populus Albanus. Vt illa palam prima postrema ex illis tabulis cerave recitata sunt sine dolo malo, utique ea hic hodie rectissime intellecta sunt, illis legibus populus Romanus prior non deficiet. Si prior defexit publico consilio dolo malo, tum tu illo die, Iuppiter, populum Romanum sic ferito ut ego hunc porcum hic hodie feriam; tantoque magis ferito quanto magis potes pollesque." Id ubi dixit porcum saxo silice percussit. Sua item carmina Albani suumque ius iurandum per suum dictatorem suosque sacerdotes peregerunt.

古罗马人头像（约公元前70—50年，卢浮宫馆藏）

词汇

foedus, **deris**, *n.*：盟约，条约

lex, **legis**, *f.*：(1) 法律，规则，条件 (2) 法案，法律条文

ceterum, *adv.*：况且，然而

ita, *adv.*：这样地，如此地

accipio, **is**, **ere**, **cepi**, **ceptum**：收到，听说

uetustus, **a**, **um**：古老的

memoria, **ae**, *f.*：记忆

Fetialis, **is**, *m.*：负责商讨宣战、媾和等事宜的主祭

pater patratus：(某个盟约的) 执行长老 (注意：**pater** [父亲] 一词，更多指一家之长的权威和威严，而不是血缘上的父亲身份)。

注意：动词 **patrare** 最初指以首领身份 (也就是父亲身份) 完成某个宗教活动；由此引申为“宣誓，和解，协约”；稍后又指“执行，使圆满结束”。由此衍生出动词 **perpetrare** (实现，完成) 和 **impetrare** (获得)。

ferio, **is**, **ire** (无完成时和目的分词)：攻击，盟誓

sagmen, **minis**, *n.*：一束圣草

tollo, **tollere**, **sustuli**, **sublatum**：(1) 激起，提升；(2) 举起，除去，拿走；(3) 使消失

arx, **arcis**, *f.*：城堡

gramen, **minis**, *n.*：草地

herba, **ae**, *f.*：草，嫩芽，植物

postea, *adv.*：后来，往后

regius, **a**, **um**：皇帝的，君主的

Quirites, **tium**, *n.*：罗马公民 (注意：该词单数指一个罗马公民，但更常用作复数，泛指全体罗马公民，字面意思是“佩带长枪的人”。)

uasa, **orum**, *n.*：壶，罐等容器

comes, **mitis**, *m.*：伙伴，随从

respondeo, **ere**, **pondi**, **ponsum**：回答

fraus, **fraudis**, *f.*：(1) 谎言 (2) 损害

uerbena, **ae**, *f.*：敬神用的花枝，迷迭香

patro, **as**, **are**, **aui**, **atum**：执行，贯彻（某次行动）

uerbum, **i**, *n.*：言，言语（注意：该词一般用来翻译希腊语中的 **logos**）。

longus, **a**, **um**：长的，远的

longe, *adv.*：(1) 远远地 (2) 比……得多

effor, **aris**, **ari**, **atus sum**：说出，表达，表示

perago, **is**, **ere**, **egi**, **actum**：完成，实现

recito, **as**, **are**, **aui**, **atum**：朗诵

recitatio, **onis**, *f.*：(1) 朗诵 (2) 宣读

palam, *adv.*：公开地，明显地

postremus, **a**, **um**：最后的

cera, **ae**, *f.*：蜡

-ue（连词）：要么

dolus, **i**, *m.*：计谋，阴谋

hic, *adv.*：这里，此刻

hodie, *adv.*：今天

recte, *adv.*：笔直地，正确地

intellego, **is**, **ere**, **lexi**, **lectum**：了解，辨别

prior, **ius**：（两者之间）前边的

deficio, **is**, **ere**, **feci**, **fectum**：(1) 离开，脱离 (2) 缺少，不足

porcus, **i**, *m.*：猪

polleo, **es**, **ere**（无完成时和目的分词）：有力

saxum, i, ***n.***：岩石，巨石

percutio, is, ere, cusi, cussum：打，打伤，宰杀

译文

不同盟约的条款各异，但缔结方式一样。我们听说当时的盟约是这么缔结的，在记得住的盟约中，再没有比这更古老的了。主祭问图路斯王："王啊，你命令我与阿尔巴人的执行长老（pater patratus）缔结盟约吗？"王下了令。他又说："我向你求一束圣草。"王说："去取洁净的草来。"主祭取来一束城堡中的净草。然后，他又问王："王啊，你是让我（连同）这些容器并我的随从作罗马公民的王室使节吗？"王回答："是，只是不得损害我和罗马公民。"当时的主祭是马尔库斯·瓦列里乌斯；他用迷迭香枝轻触斯普里乌斯·福西乌斯的头和头发，使他成为执行长老。执行长老任命是为了宣誓，在仪式中念一长串复杂的神圣咒语，这里没必要详细转述。随后，在宣读条款之后，他说："听啊，朱庇特神；听啊，阿尔巴人的执行长老；听啊，阿尔巴人。我们依据涂蜡铜板上刻的，从头到尾大声宣读了这些条款，没带一丝恶意诡计，我们在此时此地准确无误地理解了这些条款的含义，罗马人发誓不会率先违反这些条款。假如罗马人通过官方决议和恶意诡计率先背离这些条款，那么，在同一天，让朱庇特神狠狠惩罚他们吧，就像我此时此地惩罚这头猪一样；请你更严厉地惩罚，因为你更强有力。"他说完，以一块烧红的石头宰杀了猪。同样，阿尔巴人也通过他们的首领和祭司宣念自己的咒语和誓言。

批注

文中大量宗教词汇，我们已在"词语汇释"中学过：foedus, ius, sancio, ferio（鞭打：影射本文中宰杀用于祭献的猪），lex, carmen，等等。这些词汇随后逐渐转为世俗化用法。

文中有个难懂的句子：pater patratus ad ius iurandum patrandum，id est sanciendum fit foedus. 其实就是：pater patratus fit ad ius iurandum patrandum，id est（ad）sanciendum foedus. 字面理解为：执行长老任命是为了"宣誓"，也就是"缔结盟约"。

注意，宗教用语必须做到异乎寻常的精确。仪式上的咒语要充分发挥效用，不能有一丝含糊；但凡涉及人、物、地点、时间、行为，必须做到最高度的精确。咒语中常有对仗，富含节奏，显出罗马人特有的隆重和庄严，后来罗马天主教礼拜仪式也受到了这种风格的影响。

在李维的这段记载中，礼教与法律达到了极致的融合，这是一个原初的盟约，远远早在宗教与政治渐次分化以前。

这篇记载同时还证明了，古时确乎存在一类神职人员，专门负责主持宣战和缔结盟约等的圣化仪式，不但罗马有，拉丁姆地区的其他民族也有。

四、西塞罗：玷污神庙（《论神像》，XLIV，996）

西塞罗控诉公元前74—前70年担任西西里执政官的维勒斯（Verres）的著名演说辞流传迄今，《论神像》（*De signis*）汇集了其中几篇演说，揭露维勒斯不但迫害西西里人，还出于收藏艺术品的狂热，公然掠夺神庙。在本文中，西塞罗讲到，维勒斯手下的两个人奉命抢夺某个西西里神庙里的神像，但以失败告终。读者从中可以了解到当时的地方崇拜风貌，以及这些崇拜活动如何促使本地信徒团结起来一致对外。

巴刻库斯像（公元二世纪，卢浮宫馆藏）

Chrysas est amnis qui per Assorinorum agros fluit; is apud illos habetur deus et religione maxima colitur. Fanum eius est in agro, propter ipsam viam qua Assoro itur Hennam; in eo Chrysae simulacrum est praeclare factum e marmore. Id iste poscere Assorinos propter singularem eius fani religionem non ausus est; Tlepolemo dat et Hieroni negotium. Illi noctu cum armatis hominibus veniunt, fores aedis effringunt; aeditumi custodesque mature sentiunt; signum quod erat notum vicinitati bucina datur; homines ex agris concurrunt; eicitur fugaturque Tlepolemus.

词汇

Chrysas, ae, *m.*（源自希腊语）：克利萨斯河，西西里的河

amnis, is, *m.*：河，河流。该词更像贵族和诗歌用语，比较常用的词是 fluuius, ii, *m.*。参见下文的动词 fluo。西塞罗显然为了避免重复使用同一个词或同根词，才会在这里用 amnis。

Assorinorum：属格复数，阿索鲁姆人

ager，**agri**，*m.*：（1）田地；（2）领土，领域。复数形式 agri（开垦的土地），既与 siluae，arum，*f.plur.*（未开垦的土地，森林……）是反义词，又与 domus（住所）或 urbs（城市）等用语相对。

fluo，**is**，**ere**，**fluxi**，**fluxum**：流淌

is, **ea**, **id**：（1）他，她，它，上文提到的人或物；（2）这个，这

apud（介词 + 宾格）：在……旁边，在……附近

illos: 指示代词 ille 的阳性复数宾格，"那个，那位"

habeor，**eris**，**eri**，**habitus sum**（habeo 的被动态）：被认为，被当成

colo，**is**，**ere**，**colui**，**cultum:**（1）耕作，培育；（2）居住；（3）稍后引申为宗教用法，一方面指神明庇护、关照他所喜爱并居住的所在（生灵、城邦等）；另一方面，人类转而敬拜这些庇护神，比如，sacra priuata colere 行家祭。

由此衍生出名词 cultus，us，*m.*：（1）耕作，培育；（2）敬拜：cultus deorum 神明的敬拜；（3）生活方式，引申为文化、文明。

propter（介词 + 宾格）：（1）在邻近；（2）因为

uia，**ae**，*f.*：路

Assorum，**i**，*n.*：阿索鲁姆，西西里古城

Henna，**ae**，*f.*：赫纳，西西里古城

itur：前往（动词 eo，iui，ire，itum"去，行进，前往"的无人称被动态）

simulacrum，**i**，*n.*：塑像、神像

praeclare，*adv.*：清楚地，极好地；这个形容词派生自 clarus，a，um：（1）明亮的；（2）出色的。

ex（介词 + 夺格）：在……之外（文中可以理解为："自……起"，也就是"（大理石）材质的"）

marmor，**marmoris**，*n.*：大理石

posco, is, ere, poposci：索取，要求

singularis, is, e：唯一的，独特的，特殊的

Tleplemus, Hiero：特勒普列姆斯，希耶罗（人名）

negotium, ii, *n.*：事情，任务（注：negotium 与 otium, ii, *n.*［闲暇］是反义词。从字面上看，忙于事务，就是闲暇不再。道德学家们往往把这两个词当成一个对子：闲暇是沉思不可避免的条件；旁骛阻止人类回到自我。）

illi：ille 的复数阳性主格，“那些”

noctu, *adv.*：夜里，在夜里（出自 **Nox**，**noctis**, *f.*：夜，夜晚）

armo, as, are, aui, atum：武装

homo, inis, *m.*：人，人类

fores, ium, *f.*：门。单数形式为 foris, is, *f.*，但该词更常用于复数形式。

effringo, is, ere, effregin effractum：撬开，打碎，拆毁

frango, is, ere, fregi, fractum：打碎，破坏

aeditumus, i, *m.*：看守神庙的人

custos, odis, *m.*：看守人，保卫者

custodia, ae, *f.*：(1) 看守；(2) 监禁

mature, *adv.*：即时

sentio, is, ire, sensi, sensum：(1)（通过感官）感觉，体会；(2)（通过心智）发现，觉察；(3) 认为

signum, i, *n.*：(1) 标记，信号；(2) 图章；(3) 塑像

notus, a, um：知道的，著名的

uicinitas, tatis, *f.*：邻居

bucina, ae, *f.*：小号，喇叭

concurro, is, ere, curri, cursum：跑来，赶来

curro, is, ere, cucurri, cursum：跑，逃走

eicio, is, ere, eieci, eiectum：赶走，流放

fugo, as, are, aui, atum：迫使逃跑，驱逐，赶走

译文

克利萨斯河流经阿索鲁姆人的土地，当地人尊他为神，给他最崇高的礼遇。他的神庙就在田间，靠近从阿索鲁姆通往赫纳的路边。庙里设有一尊精致的克利萨斯像。此人（指维勒斯）不敢向阿索鲁姆人索取神像，因为当地人对神庙怀有特殊的敬意。他把事情交代给特勒普列姆斯和希耶罗。他们在夜里带着武装好的随从，撬开神庙大门；看守神庙的人们即时发觉，以小号吹响邻近皆知的警信；人们纷纷从村里赶来。特勒普列姆斯被驱逐，流放他乡。

批注

is 同时是 habetur 和 colitur 的主语，因为除此之外没有别的主语；deus 是表语，指 is，也就是克利萨斯河。

文中的全部动词均用直陈式现在时（erat 除外）。另外有不少被动态（译文中有时会按汉语习惯改为主动态）：habetur, colitur, itur, datur; eicitur, fugatur， 等等（注意：ausus est 形式是被动态，意思却是主动态：胆敢）。拉丁语中常常用到被动态，动作的主语因此常常含糊不清。比如 eicitur fugaturque Tlepolemus：特勒普列姆斯被驱逐，流放他乡（人们驱逐和流放了特勒普列姆斯）。

通过本文，我们可以想象一种组织良好的地方崇拜形式：神庙和内中宝藏属于当地信徒团体的集体财富，并且得到积极的守护。人们把流过田间的河当成神来崇拜，这似乎影射了当地的某种与水利灌溉设施有关的社会经济管理体系。我们还可以看到，类似的地方团体通常带有宗教性，神庙在其中起到了象征性的凝聚作用。

五、苏埃托尼乌斯：吉利的征兆（《维斯帕西亚努斯传》，5，5–8）

苏埃托尼乌斯（约69—130年）著有《十二帝王传》（*De uita Caesarum*），汇集了自尤利斯·恺撒至多米提安努斯（Domitianus）等十二位罗马皇帝的传记。在《维斯帕西亚努斯传》中，他讲述了维斯帕西亚努斯皇帝如何因种种预兆的显现而满怀登上王位的希冀，并果真在尼禄和加尔巴之后即位。书中提到许多吉利的征兆，读者可以从本文中看到几个例子，了解古罗马人对神迹和征兆的看法及其政治用途。

Prandente eo quondam, canis extrarius e trivio manum humanam intulit mensaeque subiecit. Cenante eo rursus bos arator decusso iugo triclinio irrupit ac fugatis ministris quasi repente defessus, procidhit ad pedes cervicemque submisit. Arbor quoque cupressus in agro avito, sine ulla vi tempestatis evulsa radicitus atque prostrata insequenti die viridior ac firmior resurrexit. At in Achaia

古罗马夫妇的喷泉雕像（公元三世纪，卢浮宫馆藏）

somniavit initium sibi suisque felicitates futurum esse, simul ac dens Neroni exemptus esset; evenitque ut sequenti die progressus in atrium medicus dentem ei ostenderet nuper exemptum.

词汇

prandeo, es, ere, prandi, pransum：吃午饭

quondam, *adv.*：有一天，从前

canis, is, *m.*：狗

extrarius, a, um：外来的，陌生的

trivium, ii, *n.*：三岔路口，闹市街口

manus, manus, *f.*：手

intuli（**inferro** 的完成时）：带来，叼来

mensa, ae, *f.*：桌子

subicio, is, ere, ieci, iectum（+与格）：丢或放在下面

ceno, as, are, aui, atum：吃晚饭

cena, ae, *f.*：晚餐

rursus, *adv.*：另一次，又一次

bos, bouis, *m.*：牛

arator, oris, *m.*：农夫，庄稼人

aro, as, are, aui, atum：耕作，犁地

aratrum, i, *n.*：犁

decutio, is, ere, cussi, cussum：摇落

triclinium, ii, *n.*：饭厅（直译为："三张床的厅"）

irrumpo, is, ere, rupi, ruptum（+宾格）：闯入、进入

minister, tri, *m.*：仆人

quasi, *adv.*：好像，似乎

repente, *adv.*：经常

defessus, a, um：疲倦，累了

procido, is, ere, cidi：(1) 俯倒，跌倒；(2) 仆倒在某人脚前

ceruix, icis, *f.*：脖子，颈

submitto , is, ere, missim, missum：暗暗派遣，低垂

arbor, oris, *f.*：树

cupressus, i, *f.*：柏树

auitus, a, um：家族的，祖传

ullus, a, um：有的，某些

nullus, a, um：任何一个都不

ui：不规则名词 uis, *f.*（力量，力气，权力）的单数夺格。该词一般不用作单数与格或属格。用作复数时，指身体方面的力量，也泛指武装力量、军队。

tempestas, tatis, *f.*：狂风暴雨

euello, is, ere, uulsi, uulsum：扯掉，拔起

radicitus, *adv.*：连根

prosterno, is, ere, straui, stratum：打倒，卧倒

insequor（或 sequor）, eris, sequi, sectus sum：跟随，紧随

uiridis, is, e：绿色的

firmus, a, um：强壮的

resurgo, is, ere, surrexi, surrectum：重新站起

at（连词）：另一方面

Achais, ae, *f.*：阿哈伊亚（罗马领地）

somnio, as, are, aui, atum：做梦，梦见

initium, ii, *n.*：开始，起源

felicitas, tatis, *f.*：幸福

simul ac：自从

dens, dentis, *m.*：牙，牙齿

Nero, **onis**, *m.*：尼禄

euenit（无人称用法）：有时发生……

euenio, **is**, **ere**, **eueni**, **euentum**：发生，到来

progredior, **grederis**, **gredi**, **gressus sum**：往前走，前进

atrium, **ii**, *n.*：前庭，会客厅

nuper, *adv.*：最近

译文

有一回，他在吃午饭时，一条陌生的狗从三岔路口叼来一只人的手，丢在饭桌底下。另有一回，一头耕牛扯断牛轭，闯进饭厅，把仆人都吓跑了，然后，它跑累了，跪在他脚边，颈子伸到他面前。在他祖辈居住的乡里，一棵柏树未遭暴风雨就被连根拔起，翻倒在地，第二天又自个儿挺立起来，比从前更见青翠和强壮。在阿哈伊亚，他做梦梦见，在尼禄被拔掉一颗牙之后，他和家人就会开启一个鼎盛王朝；第二天，去过那位君主中庭的医生果真让他看刚拔下的一颗牙。

批注

这篇短文讲的是征兆，自然有不少时间方面的表述。苏埃托尼乌斯主要通过分词的运用来实现这一点。分词本是动词的形容词化形式，后来逐渐纳入变格法。这样，以 -ns 结尾的分词成为主动态现在分词。以 -tus 或 -sus 结尾的分词渐渐被同化为完成分词。以 -turus 结尾的分词则成为将来分词。苏埃托尼乌斯还运用时间补语。一般说来，宾格表示某个动作或某种状态持续多长时间（(per) tres anos regnauit：他已经统治三年），或某个动作从何时开始（quantum iam annum regnat：这是他统治的第四年），或自某个动作发生起已过去多长时间（puer decem annos natus：十

年前出生的孩子，十岁的孩子）。夺格则表示某个动作的起始（ex illo tempore：从那时起），或完成某个动作所必需的时间（Troiam decem annis ceperunt：他们用十年攻陷特洛伊），或某个动作的确切时间（tertia hora ueni：他三点到）。

独立夺格句的用法。夺格形式的状语作为真正的独立句：cenante eo，bos irruptit 他在吃饭时，一头牛闯进来。拉丁语中常有相似用法：Cicerone consule 西塞罗任执政官期间；me puero 我的童年时代；natura duce 自然来说。

这里的征兆均带有非理性成分和政治操纵手段，恰恰呼应了西塞罗在《论占卜》中所严厉批评的做派。

六、西塞罗：公开祷告和公民大会（《为穆瑞纳辩护》，I，1）

罗马人的定期集会称为 comitia（comitium 的中性复数形式），也就是公民大会。在共和国时期，尽管元老院起着主导作用，高级官员们享有非凡影响，罗马人民还是常以决定性的方式干预政治生活。合法的干预必须通过公民大会（否则就是暴乱），而公民大会不是罗马人说开就开的，必须由某个得到专门授权的高级官员召集。公民大会的职权包括选举高级官吏、投票通过某项法律、审判刑事案件。投票在百人团会议中进行（一般有193个百人团，每个百人团有一票表决权），社会等级最高的百人团成员比最低的少。投票采取过半数通过。在主持官定好的日子里，

托加（Toga）长袍下不仅是最有特色的古罗马男性服装，更是罗马公民的象征。

一大早要先求问鸟占。并且，在宣布召开公民大会的目的之前，主持官必须公开祷告。当时面向全体公民的演讲全部要在开始之前公开祷告。在《为穆瑞纳辩护》（*Pro Murena*，穆瑞纳是西塞罗的政治盟友之一）中，西塞罗向我们展示了这类公开祷告的风貌。

Quae precatus a dis immortalibus sum, iudices, more institutoque maiorum illo die quo auspicato comitiis centuriatis L. Murenam consulem renuntiavi, ut ea res mihi fidei magistratuique meo, populo plebique Romanae bene atque feliciter eveniret, eadem precor ab isdem dis immortalibus ob eiusdem hominis consulatum una cum salute obtinendum, et ut vestrae mentes atque sententiae cum populi Romani voluntatibus suffragiisque consentiant, eaque res vobis populoque Romano pacem, tranquillitatem, otium concordiamque adferat. Quod si illa sollemnis comitiorum precatio consularibus auspiciis consecrata tantam habet in se vim et religionem quantam rei publicae dignitas postulat, idem ego sum precatus ut eis quoque hominibus quibus hic consulatus me rogante datus esset ea res fauste feliciter prospereque eveniret.

词汇

Renuntio, are, aui, atum：(1) 宣布，报告，声明（aliquem consulem renuntiare：宣布任命某人为执政官）(2) 打发，放弃，反悔

（Renuntiatio, onis, *f.*：民会主持官公布当选人）

precor, precari, precatus sum：祷告，祈求，祝愿

iudex, icis, *m.*：法官

instituo, instituere, institui, institutus：着手，进行

magistratus, magistratus, *m.*：(1) 公共职务，领导职位 (2) 官员，长官

auspicor, auspicari, auspicatus sum：鸟占

comitium, comiti（i）, *n.*：公民集会

centurio, centuriare, centuriavi, centuriatus：百人团

consul, consulis, *m.*：执政官

consulatus, consulatus：执政官的职务，执政官任期

renuntio, renuntiare, renuntiavi, renuntiatus：宣告，报告

fides, fidei, *f.*：信心，信任，威信

plebs, plebis, *f.*：平民

euenio, evenire, eveni, eventus：出现，发生

ob（与宾格连用）：在前面，为了，因为，作为交换

obtineo, obtinere, obtinui, obtentus：拥有，占据

mens, mentis, *f.*：(1) 智慧，理智；(2) 观点，建议

sententia, ae, *f.*：(1) 意见，主张，看法 (2) 官方意见（如元老院的意见）(3) 表决，投票（在民会中进行）(4) 意思，含义，名言，格言，决断

consentio, ire, sensi, sensum：(1) 同意，赞成 (2) 符合，协调 (3) 串通，密谋，策划

otium, ii, *n.*：闲暇，空闲，休息，安逸，悠闲

postulo, are, aui, atum：(1) 要求，请求 (2) 起诉，追求法律责任

rogo, are, aui, atum：(1) 询问，提问 (2) rogare populum：提出法

庞贝废墟

案交由人民讨论（3）请求，提请

faustus, a, um：吉祥的，有利的（faustus dies：吉日）

译文

法官们啊，我曾在百人团公民大会求问鸟占以后宣布穆瑞纳当选执政官；在那一天，我还遵循祖先的惯例和传统向永生神们祷告；我当时祈愿，对我本人、我的尽忠职守以及罗马公民和平民而言，这次选择是幸福和成功的保证。今天，我要再次为同一个人向同样的永生神们祷告，这一回不仅关系到他能否保住执政官公职，更关系到他本人能否得救，我祈愿你们的信心和审判符合罗马人民的心愿和选举：和平、安详、宁静与和谐。如果说，公民大会的那次庄严祷告，经由鸟占仪式的祝圣，确乎具有国家威严所要求的善德和宗教效力，那么请记住，我当时还祈愿，对于那些在我的提议下当选执政官的人而言，这次选举是成功、幸福和繁荣的保证。

（注：拉丁语原文由两个长句组成，译文受汉语习惯之限，无法还原，在语序上做了较大调整。）

批注

在这里，西塞罗为他的朋友穆瑞纳辩护。后者被控告在执政官选举中行贿，而当初宣布穆瑞纳当选执政官的，正是西塞罗本人（公元前62年，时值喀提林阴谋爆发）。西塞罗追忆了他在选举活动上的当众祷告：他祈愿，通过这次选举，永生神们帮助他（西塞罗）更好地尽忠职守，当时他正站在镇压叛乱分子喀提林的第一线；他祈愿，罗马人能够从这次选举中获得更多好处和安全；他最后还祈愿，当选执政官对穆瑞纳本人而言是件好事。在本文中，他重提这次祷告。西塞罗的散文富有古罗马人祷告时的雄辩韵律（他为此变换了一些词的正常语序，比如分开写 precatus 和 sum）。整篇辩护词大义凛然：穆瑞纳也许真的在选举中行贿，但在喀提林阴谋可能导致的国家危难面前，这个罪行微不足道。在共和国末期，政治与宗教已然分属不同领域，但政治秩序为确保其合法性，依然以宗教传统为依据。

七、阿普列乌斯：伊希斯秘仪入会礼（《变形记》，XI，23，1—7）

阿普列乌斯（Apuleius，约123—170），柏尔柏人，出生于今天的阿尔及利亚。《变形记》（*Metamorphoses*），又名“金驴记”（*Asinus aureus*），是第一部拉丁语散文体长篇小说。主人公出于好奇变身为驴。小说结尾有一段对伊希斯女神的称颂文字，那个时代广泛流传着伊希斯秘仪。本文是记载伊希斯崇拜和一般性秘仪的珍贵文献。

Iamque tempore，ut aiebat sacerdos，id postulante stipatum

me religiosa cohorte deducit ad proximas balneas et, prius sueto lavacro traditum, praefatus deum veniam, purissime circumrorans abluit, rursumque ad templum reductum, iam duabus diei partibus transactis, ante ipsa deae vestigia constituit secretoque mandatis quibusdam, quae voce meliora sunt, illud plane cunctis arbitris praecepit, decem continuis illis diebus cibariam voluptatem coercerem neque ullum animal essem et invinius essem. Quis venerabili continentia rite servatis, iam dies aderat divino destinatus vadimonio, et sol curvatus intrahebat vesperam. Tum ecce confluunt undique turbae sacrorum ritu vetusto variis quisque me muneribus honorantes. Tunc semotis procul profanis omnibus linteo rudique me contectum amicimine arrepta manu sacerdos deducit ad ipsius sacrarii penetralia. Quaeras forsitan satis anxie, studiose lector, quid deinde dictum, quid factum; dicerem, si dicere liceret, cognosceres, si liceret audire. Sed parem noxam contraherent et aures et lingua, ista impiae loquacitatis, illae temerariae curiositatis. Nec te tamen desiderio forsitan religioso suspensum angore diutino cruciabo. Igitur audi, sed crede, quae vera sunt. Accessi confinium mortis et calcato Proserpinae limine per omnia vectus elementa remeavi, nocte media vidi solem candido coruscantem lumine, deos inferos et deos superos accessi coram et adoravi de proximo.

酒神女祭司（公元一世纪，卢浮宫馆藏）

这件浮雕残片表现了两名在神迷状态中狂舞的酒神女祭司，她们往往出现在酒神巴刻库斯的狂欢队列里。浮雕上的装饰手法在罗马时期相当常见，原型却是取自雅典作坊对公元前四世纪名匠卡利马克的模仿品。

词汇

postulo, as, are, aui, atum：要求，恳求

stipo, as, are, aui, atum：簇拥，挤满

cohors, hortis, *f.*（1）一队行列（2）人群

deduco, is, ere, duxi, ductum：带领，引出

balneae, arum, *f.*：水池，浴室

prius, *adv.*：从前

suetus, a, sum：习惯于，惯常的

lauacrum, i, *n.*：浴室

trado, is, ere, didi, ditum：交付

praefor, aris, ari, atus sum：在……之前先讲

deum：**deorum** 的复数属格形式

uenia, ae, *f.*：（1）恩典，仁慈（2）宽恕，原谅

pure, *adv.*：洁净地，纯粹地

circumcorans, antis, *adv.*：循环（来回）洒圣水

abluo, is, ere, lui, lutum：洗，洁净

rursum 或 **rursus**：重新，又

transigo, is, ere, egi, actum：穿过，度过（时间）

uestigium, ii, *n.*：足掌，足迹

secreto, *adv.*：秘密地

plane, *adv.*：全然，完全

cunctus, a, um：全部的，全体的

pracecipio, is, ere, cepi, ceptum：吩咐，规定

decem（无性数格变化）：十

cibarius, a, um：食物的，粮食的

coherceo（**coerceo**）**, es, ere, cui, citum**：（1）包围，围绕（2）抑制，克制

伊希斯秘仪场景（那不勒斯美术馆馆藏）

edo, edis, edre, edi, esum：吃

inuinius, a, um：不喝酒的，戒酒的

uenerabilis, e：（1）可敬的（2）恭敬的

continentia, as, *f.*：节制，禁欲

rite, *adv.*：按规定仪式地，照常地，一丝不苟地

seruo, as, are, aui, atum：保护，看守，遵守（**conseruo**：保持，尊重）

destinatus, a, um：定下来的，坚决的

uadimonium, ii, *n.*：保证，契约，谈判的日子

curuo, as, are, aui, atum：弄弯（被动态：弯曲，天体下落）

intrabo, is, ere, traxi, tractum：拉，拖

uespera, ae, *f.*：夜晚

ecce, *adv.*：瞧，你看，这就是

confluo, is, ere, fluxi（无目的分词）：（1）汇集（2）大量涌入

undique, *adv.*：从四面八方，全面地

uetustus, a, um：古老的，古代的

munus, eris, *n.*：（1）职务，职责（2）礼物

semoueo, es, ere, moui, motum：分离

procul, *adv.*：遥远，在远处

linteus, a, um：亚麻的

rudis, e：天然的，粗糙的，未加工的，新生的

contego, is, ere, texi, tectum：覆盖，蒙上

amicimem, minis, *n.*：外壳，外衣

arripio, is, ere, ripui, reptum：抓住

penetralia, lium, *n.*：最深处，最隐秘的所在

forsitas, *adv.*：也许

anxie, *adv.*：忧虑地，担心地

anxius, a, um：不安的，忧虑的

angor, oris, *m.*：苦恼，担忧

studiosus, a, um：用功的，好学的

lector, oris, *m.*：读者

noxa, ae, *f.*：损害，过失

contraho, is, ere, traxi, tractum：（1）拉紧，收缩（2）忍受，缔结，订立

auris, is, *f.*：耳朵

lingua, ae, *f.*：舌，语言

loquacitas, **tatis**, *f.*：多嘴，多话

temerarius, **a**, **um**：冒失，鲁莽

curiositas, **tatis**, *f.*：好奇，求知

suspendo, **is**, **ere**, **pendi**, **pensum**：(1) 悬挂 (2) 悬空，悬而未决

diutinus, **a**, **um**：长期的，长时间的

dius, *adv.*：长久地

crucio, **as**, **are**, **aui**, **atum**：折磨

credo, **is**, **ere**, **didi**, **ditum**：相信，信任

confinium, **ii**, *n.*：毗邻，界限

calco, **as**, **are**, **aui**, **atum**：行走在……上

limen, **liminis**, *n.*：门槛

elementa, **orum**, *n.*：基本概念，基础知识

remeo, **as**, **are**, **aui**, **atum**：回去，回归

candidus, **a**, **um**：雪白的，闪耀白光的

corusco, **as**, **are**, **aui**, **atum**：闪耀，闪烁

inferus, **a**, **um**：在下面的，地下的

superus, **a**, **um**：在上面的，天上的

coram：(1) *adv.*：面对面，当面 (2) 夺格 + 分句：当……的面

adoro, **as**, **are**, **aui**, **atum**：崇拜，热爱

de proximo：很近地，靠得很近地

译文

时辰到了，正如祭司说过的，他引我去近处的水池，虔诚的信徒簇拥在旁，他先祈求神们的恩典，再让我像惯常那般沐浴，并朝我来回洒圣水，使我完全洁净；(我被) 带到神庙时，一天里的三分之二时光已然过去，他领我站在女神脚前，秘密授我一些

东西，比（人类的）言语还美，在所有人的见证下，他这么吩咐我：接下来的十天里，我不得享受美食之乐，不得食荤，不得饮酒。正当我一丝不苟遵守这些规定，恭敬地践行禁欲时，那个事先定下的神圣日子到来了；太阳沉落，夜幕降临。一时里，人群从四面八方涌来，依照古老的秘仪传统，他们上前问候我，送我不同的礼物。然后，所有在俗人士被远远分开，我穿着一件新的亚麻长袍，祭司拉着我的手，把我带到圣殿最深处。好奇的读者呵，你也许不无焦灼地自问接下来究竟说了些什么，又做了些什么；若是能说，我早就说了；若是能听，你也早就知道了。但（你的）耳朵和（我的）舌头都得担一分罪，我是犯下渎神的多嘴之过，你是犯下鲁莽的好奇之过。不过，你也许早因这虔敬的求知欲而被悬在半空，我不再折磨你，让你长时间忍受焦虑。听我说吧，不过，只相信真实的那部分。我临近死亡的疆界，行走在冥后的门槛，又满带诸种认知回来了。深夜里，我亲见太阳放出灿烂的光，我面朝着低处的神们和高处的神们，靠近他们，在近旁崇拜他们。

批注

伊希斯秘仪很可能源自某个敬拜母亲神的史前仪式，母亲神主司生育和繁衍，保护死者，允诺重生。这种敬拜仪式从古埃及传到希腊罗马世界，在整个地中海沿岸均有盛行，并逐渐向北传播。在罗马帝国时期，卡里古拉、哈德里安和卡拉卡拉等皇帝均系伊希斯的信徒。

伊希斯往往又混同为诸多别的女神。在古希腊，她常与冥后珀耳塞福涅（Περσεφόνεια）相混同，因此，本文中才会出现“冥后的门槛”之说。

在雅典游学期间，阿普列乌斯曾修习当时一种混合了毕达哥拉斯派学说的柏拉图派哲学。这一哲学流派与各种宗教秘仪保持较为密切的关系。有趣的是，阿普列乌斯还曾被控告以巫术媚惑女人（据称他制造了一种爱情迷药）。话说回来，在《金驴记》中，巫术与迷药确乎是频频出现的关键主题。在阿普列乌斯的作品中，巫术、宗教和哲学没有明确的分界。

阿普列乌斯用词精准，有意成就细节上的确凿。文中有丰富的形容词和描绘性段落。词汇以冷僻和诗体见长。凡此种种，令读者仿佛身临其境地感受到了秘仪的经过。

正如文中所示，入会者被禁止把秘仪中的细节透露给外人，尤其仪式过程中的祷文，以及他想必牢记心头的各种秘密符号。整个仪式似乎象征着某种宇宙范围的游历，先是下到地府，遇见冥后伊希斯，然后攀升至太阳的高度，直接凝视神们的形象。这样，入会者形同经历了死亡、洁净和进入天国等过程，在生前就完成了这些死后灵魂必然面临的考验。

八、马克罗比乌斯：诓骗敌城的庇护神（《农神节》，III，9，2和6—9）

学识渊博的马克罗比乌斯（Flauius Macrobius Ambrosius Theodosius）生活于五世纪上半叶。他属于最后一批奉行多神信仰的罗马作家。在本篇短文中，他参考古代文献，再现了 euocatio 这一佚失已久的古老仪式的风貌。有关这种仪式的记载得到了古赫梯人的证实。与闪族人（巴比伦人、亚述人、希伯来人等）不同，印欧人不会摧毁敌人的庇护神，而往往拿来揶揄取笑。

Constat enim omnes urbes in alicuius dei esse tutela，moremque

…

Romanorum archanum et multis ignotum fuisse ut, cum obsiderent urbem hostium eamque iam capi posse confiderent, certo carmine evocarent tutelares deos: quod aut aliter urbem capi posse non crederent, aut etiam, si posset, nefas aestimarent deos habere captivos. (…) Nam repperi in libro quinto Rerum reconditarum Sammonici Sereni utrumque carmen, quod ille se in cuiusdam Furii vetustissimo libro repperisse professus est. Est autem carmen huiusmodi quo di evocantur, cum oppugnatione civitas cingitur: SI DEUS SI DEA EST CUI POPULUS CIVITASQUE CARTHAGINIENSIS EST IN TUTELA, TEQUE MAXIME, ILLE QUI URBIS HUIUS POPULIQUE TUTELAM RECEPISTI, PRECOR VENERORQUE VENIAMQUE A VOBIS PETO UT VOS POPULUM CIVITATEMQUE CARTHAGINIENSEM DESERATIS, LOCA TEMPLA SACRA URBEMQUE EORUM RELINQUATIS ABSQUE HIS ABEATIS, EIQUE POPULO CIVITATI METUM FORMIDINEM OBLIVIONEM INICIATIS, PRODITIQUE ROMAM AD ME MEOSQUE VENIATIS, NOSTRAQUE VOBIS LOCA TEMPLA SACRA URBS ACCEPTIOR PROBATIORQUE SIT, MIHIQUE POPULOQUE ROMANO MILITIBUSQUE MEIS PRAEPOSITI SITIS UT SCIAMUS INTELLIGAMUSQUE. SI ITA FECERITIS, VOVEO VOBIS TEMPLA LUDOSQUE FACTURUM. In eadem verba hostias fieri oportet auctoritatemque videri extorum, ut ea promittant futura.

词汇

constat（无人称用法加不定式）：公认

tutela, ae, *f.*：保护，庇护，监护

archanus (arcanus), a, um：秘密的，沉默的，神秘的

ignotus, a, um：不知名的，不知道的

captivus, a, um：俘虏的，捕获的

Sammonicus Serenus：萨门尼库斯·塞列纳斯，公元二世纪左右

的罗马学者

utrumque carmen: 两种咒语（按照马克罗比乌斯的说法，在攻打城邦的最后阶段，一般要施行两种咒语，一种接着另一种：第一种咒语是向敌方城邦的守护神做出承诺，吸引他们倒戈罗马，即所谓的 euocatio 仪式的咒语。第二种咒语施予攻城的最后战役中死去的敌人，把他们当作祭品献给朱庇特和大地女神，用敌人的生命来代替罗马军队的士兵们。第二种咒语是一种极度庄严肃穆的仪式，由皇帝或统治者施行，euocatio 仪式之后并非总是要施行第二种咒语。我们在此只给出第一种咒语的文本。）

Furius：福里乌斯，无疑指 Lucius Furius Philo，西庇亚（小阿非利加）于公元前146年摧毁迦太基城时，他是陪同之一。

oppugnatio, onis, *f.*：猛攻，围攻

cingo, ere, cinxi, cinctum：佩带，围绕，缠绕

relinquo, ere, liqui, lictum：留下，抛弃，遗弃

abeo, ire, ii, itum：离开，走开，消逝

formido, inis, *f.*：恐惧，畏惧，害怕，恐怖

obliuium, ii, *n.*：遗忘

accepto, are, aui, atum：承受，接纳

probo, are, aui, atum：（1）尝试，试验，检查（2）接受，赞同，赞许（3）证明，证实

ludus, i, *m.*：游戏，竞赛

译文

所有城邦均有庇护神，罗马人确乎还有种风俗（秘密的风俗，许多人不知情），通过念一定的咒语，呼唤敌对城邦的庇护神，他们通常正在围攻这个城邦，并由此获得破城的信心：这也许因为，他们认为只有这么做才能攻下敌城，但更有可能因为，一旦

破了城，把诸神当成俘虏无异于冒犯神圣法则……我在萨门尼库斯·塞列纳斯的《秘事》第十卷发现了两种咒语，他声称这来自福里乌斯的极为古老的文本。呼唤被攻城邦的庇护神的咒语是这样的：

“保护迦太基其人其国的所有男神和女神哪，尤其是你，迦太基城邦和人民的庇护神哪，我祈求你们，崇拜你们，求你们恩赐，抛弃迦太基其人其国，丢下广场、神庙、圣殿和城邦，离开吧；求你们给其人其国带去畏惧、恐怖和遗忘；求你们在这件事之后前往罗马，到我和我的家人中来；求你们接受并喜爱我们的广场、神庙、圣殿和城邦；求你们庇护我、我的士兵和罗马人民，并让我们也知晓这事。你们若肯这么做，我保证为你们建神庙，举行隆重的竞赛。”在念这些咒语的同时，还必须宰杀作为献祭的动物，从动物内脏判断这些咒愿会否灵验。

卢多维西的高卢人（公元二世纪，罗马国立美术馆馆藏）

这组雕像表现了战败的高卢人先杀死妻子再自杀的场景。

批注

为了更好地理解本文，首先应该知道，euocatio 是 deuotio［咒语，誓愿］的一种特殊形式。在 deuotio 这类协约里，发出誓咒的人向诸神承诺自己所意愿（而不一定有能力或权利）献出的东西。换言之，就是没有经过严格的献祭仪式而把一个人或几个人的生命放弃给诸神。进行这种协约一般要念固定的咒语。

正如在悲剧中所经常发生的，deuotio 也有可能只是一场误解（imprecatio）。咒语有时刻在徽章上，或附在被诅咒者的蜡像上。这些做法往往要受法律制裁。但对于那些罪不可赦的犯人，国家有可能向地府诸神发出 deuotio，以作惩罚。

Euocatio 作为 deuotio 的一种特殊形式，不针对某个私敌或公共罪犯，而针对敌对的城邦。

注意本文中转载咒语的古文风格，以及表述的精确性。对比这里的仪式和李维笔下的盟约仪式。

九、维吉尔：地府游记（《埃涅阿斯记》，第六卷）

维吉尔（Publius Vergilius Maro，前70—前19）在公元前29—前19年创作了《埃涅阿斯记》（*Aeneis*）。这是一部以罗马建城神话为题材的史诗，共十二卷，一万行诗。埃涅阿斯是女神维纳斯（古希腊神话中的阿佛洛狄忒）和英雄安喀塞斯之子，他参与了荷马史诗《伊利亚特》所描绘的特洛伊战争。希腊人以木马计攻陷特洛伊后，埃涅阿斯侥幸逃脱，辗转抵达意大利的拉丁姆地区，成为罗马人的祖先。《埃涅阿斯记》第六卷讲述了埃涅阿斯在阿波罗女先知西比尔引领下的地府之游，无疑是整部史诗中最著名的篇章。在地府中的埃琉西昂乐土（Elysis），他见到亡父安喀塞斯的魂灵。安喀塞斯向他指点将来，预言他的后代，也就是历代的罗马名人们，包括阿尔巴诸王、罗马建城者罗慕路斯、老布鲁图斯、庞培、恺撒，以及注定要建立强大帝国的屋大维。埃涅阿斯回到人间后，直接朝向拉丁姆航行。

这里选取的段落在埃涅阿斯刚刚下到地府不久，他在斯梯克斯冥河边看到，喀戎挡住一些亡魂，不让他们上船，渡他们过河。

Aeneas, miratus enim motusque tumultu,
“Dic ” ait “O uirgo, quid uolt concursus ad amnem ?
Quidue petunt animae, uel quo discrimine ripas
hae linquunt, illae remis uada liuida uerrunt ? ”
Olli sic breuiter fata est longaeua sacerdos :
“Anchisa generate, deum certissima proles,

墨勒阿格洛斯之死（公元二世纪，卢浮宫馆藏）

Cocyti stagna alta uides Stygiamque paludem,
di cuius iurare timent et fallere numen.
Haec omnis, quam cernis, inops inhumataque turba est;
portitor ille Charon; hi, quos uehit unda, sepulti.
Nec ripas datur horrendas et rauca fluenta
transportare prius quam sedibus ossa quierunt.
Centum errant annos uolitantque haec litora circum;
tum demum admissi stagna exoptata reuisunt."

词汇

miratus, a, um：动词 miror, ari, atus sum 的分词：吃惊，诧异，欣赏

motus：动词 moueo, ere, mui, motum 的分词：行动，震动，激动，惹动

tumultus, us, *m.*：骚动，喧嚣，嘈杂

concursus, us, *m.*：汇集，拥挤；相撞，遭遇

quidue：代词 quis 的变体

peto, ere, iui, itum：力求，争取，寻求

discrimino, are, aui, atum：区分，区别

ripa, ae, *f.*：岸，河岸

linquo, linquere, linqui：(把某人或某物）留下，放弃，抛弃

uado, ere：走向，奔赴

liuidus, a, um：青色的，发青的（转义：嫉妒的，恶意的）

breuiter：简洁地，简短地

fata est longaeua sacerdos：长生的女先知（据奥维德的记载，阿波罗让西比尔抓一把沙，她的掌心有多少粒沙，她就能活多少年。）

Anchilla generate：安喀塞斯的儿子

proles, is, *f.*：后裔，后代；民族，部族

Cocytus, i, *m.*：科基图斯河，地府的一条河

Styx, ygis, *f.*：斯梯克斯河，地府的一条河，据赫西俄德在《神谱》中的记载，诸神以斯梯克斯之水发誓（775—806）。

alta stagna：静滞的水，这里指地府的无奈河

palus, is, *f.*：沼泽，池塘，这里指斯梯克斯的沼泽

timeo, ere, ui：害怕，畏惧

fallo, ere, fefelli, falsum：欺骗；躲藏，未被察觉

inops, opsis：贫乏的，贫穷的，缺乏的

inhumata：未埋葬的死者，未入土的死者。（古希腊人和罗马人普遍相信，死者未经埋葬将不得安息，索福克勒斯在《安提戈涅》中讲述的悲剧故事就与这个信仰传统直接有关。一般说来，在尸身上扬几把土可以算埋葬。）

portitor, oris, *m.*：关税收集者，关税员，这里指艄公

Charon, onis, *m.*：喀戎，冥河上渡亡魂的神

raucus, a, um：嘶哑的（本文中是一种诗歌比喻用法）

fluenta, orum（中性复数）：水流，河流

horrendus, a, um：可怕的，骇人的

transporto, are, aui, atum：运送，摆渡

os, ossis, *n.*：尸骨（注意不要与 os, oris, *n.*［嘴］混淆）

centum annos errant：他们飘零一百年（一百年是否暗示人类的寿命极限？我们无从知晓维吉尔对这个问题的看法）。

litus, oris, *n.*：河滩，海岸，摆渡口

circum（状语，或介词 + 宾格）：周围，环绕

uolo, are, aui, atum：飞翔，飞奔（注意不要与 uolo, uelle, is, uult, uoloui［意愿，想要］混淆）

tum demum：那么只有……

admitto, mittere, missi, missum：允许前往，准许入内

exopto, are, aui, atum：强烈渴望

reuiso, ere, uisi, uisum：再访，重看

译文

埃涅阿斯眼见这喧动，惊讶而感喟：
“圣女啊，这些人为甚挤在河边？
这些亡魂求什么？何故有的离了河岸，
有的却摇橹渡过青色的冥水？”
长生的女先知简短回答他：
“安喀塞斯之子，神的嫡系后代啊，
你眼前是科基图斯无奈河，还有斯梯克斯沼泽，
强大可怕，神们不敢凭它发誓，更不敢悔誓。
你看到的全是生前未得安葬的可叹亡魂；

在希腊罗马神话中，冥界流着五条河：Acheron（苦难之河）、Cocytus（悲叹之河）、Phlegethon（冥火之河）、Lethe（忘却之河）、Styx（憎恨之河）。生前没被埋葬的人，亡魂只能在科基图斯河边长年游荡，不能进入轮回的灵魂发出阵阵叹息，悲叹河之名由此而来。斯梯克斯河分隔了生死两界，一向备受希腊罗马神话中诸神的尊崇，只要是以此河之名起誓，他们将终身遵守誓言，否则会受到永世的诅咒，故而又称守誓河。

那艄公叫喀戎；摆渡过去的全是安葬了的。
余下的不准过可怕的河滩和咆哮的急流，
直到他们的尸骨找到安息的所在。
他们得飘零一百年，绕着河岸徘徊，
最后才能准许回到他们那般想望的沼泽。"

批注

这段文字充满诗意。在拉丁文学中，只有诗歌才能表达类似的"宗教情怀"，或对人类生存悲剧的感怀。这在罗马公共崇拜或别的崇拜仪式中是根本看不到的。在许多古代文明中，葬礼非常重要，未经安葬的死者只能在地府中游荡，不得安息。

读者从中还领略到罗马历史如何转化为神话。作为罗马的建城者，埃涅阿斯必须下到地府游历一番，这是所有最重要的神话人物必然经历的考验。从某种意义而言，地府之游成就了罗马的诞生。

拉丁诗人向古希腊诗人借鉴了不少诗歌技法。诗行由长短音交错形成。一般说来，诗体的语序与散文体有很大差别。

十、奥维德：俄耳甫斯的地府游记（《变形记》，第十卷）

拉丁诗人奥维德（Publius Ouidius Naso，前43—公元17）与权贵交厚，是奥古斯都皇帝的朋友，不料却被奥古斯都流放至黑海东岸的托弥，原因不详。在《变形记》（*Metamorphoses*）中，奥维德讲述了世界生成的神话故事，自太初的混沌，直至被奉为神的尤利斯·恺撒。书中汇集了出自神话编写者的诸种传说，大多带有"变形"内容，换言之，奥维德重述了世界生成历史上发生过的所有变形故事：在神的干预下，人类、神话人物乃至动物如何变形为石头、草木或星辰。《变形记》最初计划采用编年体写法。开篇，某个天神从混沌创世，开天辟地，造出各种生灵。但罪恶很快传遍人间，朱庇特神只好重造人类。于是，一场洪水淹没大地，摧毁一切，只有一对夫妇（丢卡利翁和皮拉）幸免于难。新的人类种族从他们那里得以奇迹般的生成。接下来是一系列变形故事，依照诸神的谱系次递排列。古罗马神话与其他基督宗教以前的神话信仰一样，诸神虽是不死的，却不是永恒不变的：他们由神所生，有自己的故事，也经历爱情、喜乐、愤怒，偶尔还受受苦。他们的经历很快与人类的历史交织在一起：自第三卷末起，我们读到有关忒拜、雅典等城邦的古老故事。第十一卷到第十三卷与特洛伊战争遥相呼应，并渐渐把叙事重心转到埃涅阿斯身上，奥维德以自己的方式重写《埃涅阿斯记》，充满渲染文风和神奇色彩。第十四卷末讲到罗马的起源。第十五卷描绘罗马历史上的一些重要事件：努玛继位和毕达哥拉斯的学说、罗马城的瘟疫和希腊神医埃斯库拉庇乌斯的到来、恺撒被刺并升为天上星宿，等等。这样，奥维德从创世之初一直讲到自己出生前一年所发生的事。新的恺撒，未来的奥古斯都，不能是凡胎俗骨，而必须是神，他的父亲（或养父）也必须是神。于是，恺撒被神化，成为书中的最后一起变形事件。《变形记》是一部指向未来的诗篇：太初的混沌，最终变形为罗马统一的“天下”，这一切全归诸神的意愿。

奥维德深受古希腊文学影响，同时还效仿卡图卢斯和维吉尔——特别是在《变形记》最后几卷中，他重述了《埃涅阿斯记》。20世纪初，法国文学评论家René Pichon（1903年）在提及《变形记》时说：“书中人物全穿着罗马式的盛装。奥林波斯神界的等级制度极其讲究：最上层是朱庇特和朱诺；其次是贵族，由大神们组成（以元老院的次序排列）；最后是‘平民天神’，由不太重要的半神或英雄组成。”René Pichon 所批评的东西，恰恰是奥维德的独特之处，也就是以罗马的历史—政治视角来处理古希腊神话题材。

第十卷开篇讲到了诗人俄耳甫斯的故事。他下到地府，请求冥王普鲁同和冥后珀耳塞福涅，让早逝的妻子俄瑞狄刻重返人间。这里选取了俄耳甫斯的一段话。

> “O positi sub terra numina mundi,
> in quem reccidimus, quicquid mortale creamur ;
> si licet et falsi positis ambagibus oris
> uera loqui sinitis, non huc, ut opaca uiderem
> Tartara, descendi, nec uti uillosa colubris
> terna Medusaei uincirem guttura monstri ;
> causa uiae est coniunx, in quam calcata uenenum
> uipera diffudit crescentesque abstulit annos.
> Posse pati uolui nec me temptasse negabo ;
> uicit Amor. Supera deus hic bene notus in ora est ;
> an sit et hic, dubito ; sed et hic tamen auguror esse ;
> famaque si ueteris non est mentita rapinae,
> uos quoque iunxit Amor. Per ego haec loca plena timoris,
> per Chaos hoc ingens uastique silentia regni,
> Eurydices, oro, properata retexite fata.
> Omnia debentur uobis paulumque morati
> serius aut citius sedem properamus ad unam.
> Tendimus huc omnes, haec est domus ultima, uosque
> humani generis longissima regna tenetis.
> Haec quoque, cum iustos matura peregerit annos,
> iuris erit uestri ; pro munere poscimus usum.
> Quod si fata negant ueniam pro coniuge, certum est
> nolle redire mihi ; leto gaudete duorum.”

词汇

pono, ponere, posui, positus：放置，安排，建立，树立

mundus, mundi, *m.*：世界

quisquis：无论谁，每人

reccido, reccidere, reccidi：落回，重新陷入，又处于

mortalis, mortalis, mortale：有死的，必死的

creo, creare, creavi, creatus：创造，创生

si licet：允许的话

falsus, falsa, falsum：虚假的

uerus, uera, uerum：真实的，实在的

ambages, ambagis, *f.*：迂回，支吾

sino, sinere, sivi, situs：允许

loquor, loqui, locutus：说

huc：在这儿

opacus, a, um：阴暗的，黑暗的

Tartarum, i, *n.*：塔耳塔罗斯，指地府。P. Grimal 定义道："在荷马和赫西俄德的诗中，塔耳塔罗斯是

俄耳甫斯以歌响感动鸟兽（罗马镶嵌画，西班牙萨拉戈萨美术馆馆藏）

地下最深的所在，位于地府以下。但渐渐地，人们将塔耳塔罗斯与作为地下世界的地府概念混淆起来，罪孽深重的人受罚之地也在那儿。”

uillosus, a, um：多毛的，多发的

coluber, colubri, *m.*：蛇

ternus, a, um：三

Medusaeus, a, um：本指“墨杜萨所生的”。这里说的是地府的看门狗刻尔柏若斯，由厄客德娜所生，有三个脑袋，女人身，蛇尾，奥维德在《变形记》第四卷中也称它是厄客德娜之子（226）。在《神谱》行304—332中，赫西俄德记录了厄客德娜和提丰生下的怪物后代。不过，戈尔戈女神墨杜萨由刻托和福耳刻斯所生，与厄客德娜和刻尔柏若斯毫无干系，但他们都是怪物，并且都有蛇发。因此，这里理解为“与墨杜萨同类”，似乎更妥当。俄耳甫斯影射了英雄赫拉克勒斯下地府降伏刻尔柏若斯的传说。

uincio, uincire, uinxi, uinctus：缠，缚

guttur, gutturis, *n.*：咽喉

monstrum, i, *n.*：怪物，这里含“惊人，不可思议”的意思。

causo, causare, causaui, causatus：引起，造成

coniux, coniugis：常用作阴性，“妻子”；偶用作阳性，“丈夫”

calco, are, aui, calcatum：踩，踏

uenenum, i, *n.*：毒液

uipera, uiperae, *f.*：毒蛇，蛇

diffundo, diffundere, diffudi, diffusus：扩散，散发

aufero, auferre, abstuli, ablatus：带走，夺走

cresco, ere, creui, cretum：生长的，增长的

patior, pati, passum sum：忍受，忍耐

tempto, are, aui, atus：努力，尝试

nego, are, aui, atum：拒绝，否认

notus, a, um：出名

an：疑问连词

dubito, as, are, aui, atum：怀疑，犹豫

auguror, ari, atus sum：猜想，预感

ueteris rapina：古老的诱拐事件，影射普鲁同拐走珀耳塞福涅，奥维德在《变形记》第五卷做了长篇描绘。赫西俄德的《神谱》最早提及冥王的姻缘："白臂的珀耳塞福涅，被哈得斯从母亲身边带走，大智的宙斯做主把女儿许配给他"（913—914）。献给德墨特尔的托名荷马颂诗和献给普鲁同的俄耳甫斯祷歌均讲述了这个神话。

fama, ae, *f.*：传说，舆论

mentior, mentiri, mentitus sum：欺骗，说谎

jungo, jungere, junxi, junctus：结合，联姻

timor, is, *m.*：害怕

Chaos, chai, *n.*：混沌，原指世界的太初状态，这里引申形容地府

ingens, a, um：广漠的，浩大的

locum, i, *n.*：所在，处所

uado, uadere, uasi：奔赴，向前

Eurydices：俄瑞狄刻，俄耳甫斯的妻子

propero, properare, properavi, properatus：急于，忙于

retexo, retexere, retexui, retextus：这个动词派生自 Texo, ere, texui, textum［纺，编，编织］，指"重纺，重编"。这里影射命运三女神的故事：克洛托、拉刻西斯和阿特洛珀斯为每个从生到死的人类纺着生命线。

fatum, fati, *n.*：命运，神谕

serius aut citius：迟早

tendo, tendere, tetendi, tensus：试图，倾向于

paulus, a, um：一点儿，稍加

moror, morari, moratus：逗留，耽搁

longuissima regna：最恒久的统治

quoque：同样地

perago, peragere, peregi, peractus：完成，实现，尽享

munus, muneris, *n.*：(1) 职责，职任；(2) 服务，义务；(3) 礼物，赠品；(4) 引申为“公众娱乐，公开表演”，特别是公开角斗（可以这么理解：一场公开角斗是某个官员献给罗马人的礼物，由官员承担所有费用，以此更好地完成职责。）

posco, poscere, poposci：要求

usus, us, *m.*：(1) 使用，利用；(2) 经营别人的产业（俄耳甫斯用了一个法律术语）

usus：派生自 utor, uti, usus [利用，使用]，即“交往，来往”

quod si：只是

uenia, ueniae, *f.*：恩典，善心，宽恕

nolo, nolle, nolui：不愿，拒绝

gaudeo, gaudere, gauisus：高兴，开心

letum, leti, *n.*：死亡，毁灭

译文

“神啊，你们统治地下世界，
不论哪个凡人，迟早要来这儿。
请允许我把敷衍的话放一旁，
实话实说，我不为阴暗的塔耳塔罗斯
下到这儿，也不为降伏那满是蛇发
与墨杜萨同类的三头怪物，

我为我的妻来：她误踏一条蛇，
反被毒死，夺去了花般的年华。
我曾想承受这一切，也试过，
但爱占了上风。那位神在上界可出名呢，
不知他在此地怎样，但我猜差不离，
倘若旧时那个诱拐事件不是在骗人，
爱也成全过你俩。藉这阴森的所在、
无边的混沌和广漠地府的一片死寂，
我求你为俄瑞狄刻重纺那早逝的命运之纱吧。
一切拜你所赐，我们就算在人间稍事逗留，
迟早也只有同一个归宿，
都得来这儿，这是我们最后的家，而你
对人类的统治最是恒久。
待到适当时日，她尽享了天年，
自来归你管辖；我们不求你给，只是借用。
倘若命运拒绝为我的妻开恩，我铁定
不能独回；我俩一起死，让你们高兴吧！”

批注

对比奥维德与维吉尔的地府游记是一件很有意思的事。本文在诗歌表达上甚是动人，也满怀诗意，但在情感表达上却相对平淡，这主要是因为，奥维德有意显示自己的渊博学识，文中常常援引前人典故，他把俄耳甫斯刻画成一个博古通今的演说家，乃至一个辩护家（我们不妨说，罗马宗教里的司法情趣在此显露无遗）。俄耳甫斯最终说服了冥王和冥后，看来不是因为他的歌唱感动人心，而是因为他的辩论精辟巧妙。也正因为这样，文中的神话叙事尽管更像是一种诗歌的借口，而不是宗教叙事，却相当清楚地反映出了古罗马的宗教精神。

十一、马特尔努斯：诱拐珀耳塞福涅和神话的解构（《论异教的谬误》，第七卷）

我们已经看到，在奥维德笔下，俄耳甫斯提起普鲁同当年诱拐了珀耳塞福涅。不仅如此，《变形记》第五卷还充满诗意地长篇描绘了这起事件。可以说，在奥维德时代，这已然不是一个真正的神话，而更像一个动人的故事。三百年后，随着“解构神话”的风行，这个叙事再次遭遇变形，几近面目全非：在《论异教的谬误》（*De errore profanarum religionum*）中，基督教作者马特尔努斯（Iulius Firmicus Maternus，314—360）把诱拐珀尔塞福涅说成一起平庸的社会新闻。

Unicam Cereris filiam，quam Graeci Persephonam，nostri immutato sermone Proserpinam dicunt，ad coniugale consortium plures petebant. Mater sollicita de singulorum meritis iudicabat，et cum adhuc omnibus matris sententia videretur incerta，dives rusticus cui propter divitias Pluton fuit nomen，temerario cupiditatis ardore，cum moras dilationis ferre non posset，et cum praeposteri amoris conquereretur incendiis，prope Percum inventam virginem rapit. Percus est autem lacus in Hennae civitatis finibus satis amoenus et gratus，cuius amoenitas ex florum varietatibus nascitur. Nam per omnem annum vicissim sibi succedentibus floribus coronatur. Illic invenies quicquit hyacinthi turget in caulem，illic comam narcissi vel quod auream rosam desuper pingit，illic albae hederae per terram molliter serpunt，et cum purpureis violis suaviter rubens amar cus invenitur，nec coronam istam alba deserunt lilia. Prorsus aptus locus，qui gratia sua puellares animos et invitaret pariter et teneret. In hoc loco cum a Plutone virgo prope vesperam fuisset inventa, vi rapitur, et superimposita vehiculo scissis vestibus laceratis crinibus ducitur. Nec resecati ungues contra amatorem rusticum aliquid profuerunt, nec clamor atque ululatus adiuvit, nec ceterarum strepitus puellarum. Tunc una celeri cursu, cum de civitate nemo succurreret, facta ex ipso timore velocior, matri raptum virginis nuntiat. Contra raptorem indignata mater armatam manum ducit.

词 汇

unicus, a, um：独一的，唯一的

Ceres, eris, *f.*：刻瑞斯，地母神，即古希腊神话中的德墨特尔

graecus, a, um：希腊的

Persefona, ae, *f.*：珀耳塞福涅（希腊写法）

Proserpina, ae, *f.*：普洛塞福涅（拉丁写法）

ad（介词＋宾格）：为了

沉睡的赫巴佛洛狄忒（公元二世纪，卢浮宫馆藏）

coniugalis, is, e：配偶的，夫妇的

consortium, ii, *n.*：共同协作，共同参与

plures, ii, *n. plur.*：更多，许多

mater, tris, *f.*：母亲

sollicitus, a, um：激动，不安

singuli, ae, a：单一的，每个的

meritum, i, *n.*：优点，功劳，价值

indico, as, are, aui, atum：评价

rghgusticus, a, um：村人，乡下人

Pluton：普鲁同，从古希腊语直接借用，意思是"富有"

temerarius, a, um：冒失的，鲁莽的

cupiditas, tatis, *f.*：欲望，炽热的爱情

ardor, oris, *m.*：火焰，热情，热望

mora, ae, *f.*：迟到

dilatio, onis, *f.*：期限

fero, ferre, tuli, latum：这里指忍受，承受

praeposterus, a, um：不合时宜，反常的

coquo, is, ere, coxi, coctum：烧，煮

incendium, ii, *n.*：起火，火灾

prope（介词 + 宾格）：附近

Percus, us, *m.*：佩尔库斯（湖名）

lacus, us, *m.*：湖

finis, is, *m.*：限度

satis, *adv.*：足够，确实

amoenus, a, um：迷人的，动人的

gratus, a, um：(1) 愉快的；(2) 感激的

amoenitas, tatis, *f.*：魅力

uarietas, **tatis**, *f.*：多样化，变化

omnis, **is**, **e**：全部，一切

corono, **as**, **are**, **aui**, **atum**：装点，戴冠

nec... neque：(1) 并……不；(2) 既不，也不

reseco, **as**, **are**, **secui**, **sectum**：扯断、割去

unguis, **is**, *m.*：指甲

contra（介词 + 宾格）：对着，反对

amator, **oris**, *m.*：情人

clamor, **oris**, *m.*：喧哗，尖叫

ululatus, **us**, *m.*：吼叫

adiuuo, **as**, **are**, **iuui**, **iutum**：帮助

ceteri, **ae**, **a**：其余的，剩下的

strepitus, **us**, *m.*：声响，喧闹

celer, **eris**, **ere**：快速的，迅速的

刻瑞斯和珀耳塞福涅崇拜（公元前四世纪，卢浮宫馆藏）

这件雕像表现了古代厄琉西斯人在神殿里敬拜地母神及其女儿的场景。

cursus, **us**, *m.*：奔跑

de（介词+夺格）：自……；从……高处

sucurro, **is**, **ere**, **curri**, **cursum**：跑来，赶来帮忙

uelox, **ocis**：迅速的，敏捷的

aptus, **us**, *m.*：诱拐

nuntio, **as**, **are**, **aui**, **atum**：宣布，传说

raptro, **oris**, *m.*：诱拐者

indignor, **aris**, **ari**, **atus sum**：感到愤慨，气愤

manus, **us**, *f.*：(1) 手；(2) 群，队

译文

刻瑞斯的独生女儿，希腊人叫珀耳塞福涅，我们这里人叫普洛塞福涅，有好些人上门求婚。她母亲很担心，掂量着每个人的优点。有个富有的乡下人，因为富有，所以叫普鲁同，他在热望中变得冒失，再也受不得回音一拖再拖。于是，情欲中烧下，他在佩尔库斯湖畔拐走了那个女孩儿。佩尔库斯湖在赫纳城，很是美好动人，湖边开着许多花儿，正是它的魅力所在。事实上，湖边一整年都开遍花儿。无论是扯断的指甲、尖叫和哭喊，还是其他少女的呐喊，都不足以阻止那个陷入情网的乡下人。城里无人赶来救援，有个在场的少女一路狂奔，她因为害怕而跑得飞快，把女孩儿被拐的事告诉她母亲。愤怒的母亲找了一群带武器的人去声讨诱拐者。

批注

这篇短文体现了大约生活在公元前330—前260年的古希腊作者欧赫梅鲁斯（Euhemerus）的理论。欧赫梅鲁斯写过一本神怪游记，取名《圣书》（*Hiera Anagraphê*）。在书中，他把诸神描绘成

一些死后被神化的凡人。比如，宙斯生前是一个贤明的君主，阿佛洛狄忒生前是塞浦路斯王宫的交际花，后来被国王尊奉为女神，雅典娜是一名好战的王后，等等。有关欧赫梅鲁斯的理论，公元二世纪末的希腊哲人恩庇里库斯（Sextus Empiricus）有一段记载："欧赫梅鲁斯，绰号无神论者。他曾经说过：在人类尚未开化以前，有些人利用体力或脑力征服其他人，迫使所有人听从他们的指挥，这些人渴望获得更多的爱戴和尊敬，于是假装具有某种超人的神圣权力，使众人把他们奉为神。"这种说法让人想到李维记录罗马早期历史的方法。基督教护教士们利用这个理论来丑化古代多神信仰的神和神话。中世纪同样利用这个理论，只不过目的是保存和研究"异教"文献，因为这些文献提供了某种史实基础。

十二、塞内卡：灵魂的喜乐（《致卢基利乌斯的道德书简》，第三卷，第23封信）

斯多亚学派（Stoa，源自希腊语 *στο*，直译为"廊下派"，因为哲人们总在城邦中心的廊柱下讲学聚会）是古希腊人芝诺在公元前301年前后创立的哲学流派，公元前二世纪传入罗马，很快与罗马的传统伦理观相融会，引起了极大反响。罗马的斯多亚哲人擅长将哲学理论联系社会现实，主张参与公众生活，通往完美的道路分有不同阶段，他们还对诸神和崇拜礼仪做了巧妙解释，从而使罗马人可以照旧信仰传统宗教。斯多亚学派把哲学分为逻辑学、伦理学等几部分。在罗马时期，伦理学与罗马人的美德观相契，影响深远；逻辑学和形而上学（一种带有泛神论特征的一神论）则相反，传播有限。这多少反映了罗马人偏向务实、不重思辨的特点。塞内卡（前4—65年）是尼禄的老师，曾辅佐朝政，握有大权，还是罗马的巨富。他一生致力于在哲学信仰与追逐荣誉、权力和财富之间做出协调。他后来离开朝政，居家著书立说。公元65年，由于受共和派政治阴谋的牵连，塞内卡受命自尽，在死亡面前表现出堪称楷模的从容。在隐退期间，他写下了致门徒卢基利乌斯的124封信（*Epistulae morales ad Lucilium*）。这些信反映了哲人对智慧的追求，远远超越宗教训诫。尽管思想来源有别，稍后的基督教思想家有不少言论与塞内卡极为相似。拉克坦提乌斯（Lactantius）和奥古斯丁常援引塞内卡的作品，尤其一篇今已佚失的批判迷信的论文。

Putas me tibi scripturum quam humane nobiscum hiems egerit, quae et remissa fuit et brevis, quam malignum ver sit, quam praeposterum frigus, et alias ineptias verba quaerentium？ Ego vero aliquid quod et mihi et tibi prodesse possit scribam. Quid autem id erit nisi ut te exhorter ad bonam mentem？ Huius fundamentum quod sit quaeris？ ne gaudeas vanis. Fundamentum hoc esse dixi: culmen est. Ad summa pervenit qui scit quo gaudeat, qui felicitatem suam in aliena potestate non posuit; sollicitus est et incertus sui quem spes aliqua proritat, licet ad manum sit, licet non ex difficili petatur, licet numquam illum sperata deceperint. Hoc ante omnia fac, mi Lucili: disce gaudere. Existimas nunc me detrahere tibi multas voluptates qui fortuita summoveo, qui spes, dulcissima oblectamenta, devitandas existimo？ immo contra nolo tibi umquam deesse laetitiam. Volo illam tibi domi nasci: nascitur si modo intra te ipsum fit. Ceterae hilaritates non implent pectus; frontem remittunt, leves sunt, nisi forte tu iudicas eum gaudere qui ridet: animus esse debet alacer et fidens et supra omnia erectus. Mihi crede, verum gaudium res severa est.

临终的塞内卡（公元二世纪，卢浮宫馆藏）

哲人塞内卡是尼禄皇帝的老师。公元65年因受政治牵连，被皇帝赐死。

词汇

puto, as, are, aui, atum：估量，估计，认为

humane, *adv.*：合乎人情地，友好地，仁慈地

agere cum aliquo bene, male, etc：对待某人好或坏，等等

hiems, hiemis, *f.*：冬天

remissus, a, um：(1) 放松的，松弛的；(2) 愉快的

breuis, is, e：短暂

uer, is, *n.*：春天

praeposterus, a, um：不正确的，歪曲的，不合时宜的

ineptiae, arum, *f. plur.*：愚蠢，废话，荒唐

exhortor, aris, ari, atus sum：鼓励，促进

mens, mentis, *f.*：(1) 智慧，理智，理性；(2) 思想，思考；(3) 见解，想法，意见

fundamentum, i, *n.*：基础，根基

uanus, a, um：(1) 空的；(2) 空洞的，徒劳的

culmen, minis, *n.*：顶点，极点

felicitas, atis, *f.*：幸福，运气

aliena：这里指全部外在现实。斯多亚学派有一条基本伦理思想，即自给自足。幸福就在于摆脱意识以外的全部现实的束缚（aliena）；欲求和缺乏外在现实，就会导致骚动、痛苦和异化。"异化"（alienatio）是塞内卡哲学思想的一大主题。

gaudeo, ere, gauisus sum：内心喜悦，暗自高兴

gaudium, ii, *n.*：喜悦，满意，高兴

prorito, as, are, aui, atum：引起，造成，导致

decipio, is, ere, cepi, ceptum：欺骗

detraho, is, ere, traxi, tractum：摘下，脱下

fortuitus, a, um：偶然的，意外的，不测的

submoueo, es, ere, moui, motum：驱散，使离去

dulcis, is, e：甜美的

oblectamentum, i, *n.*：娱乐

deuito, as, are, aui, atum：避免，避开

umquam, *adv.*：某些天，几天

laetita, ae, *f.*：欢乐，喜悦

immo, *adv.*：恰恰相反

modo, *adv.*：仅仅

intra（+宾格）：内部，在……内

hilaritas, tatis, *f.*：快活，惬意

impleo, es, ere, eui, etum：充满，满足

leuis, is, e：轻浮的，肤浅的

pectus, oris, *m.*：胸部，心灵，理智

alacer, cris, cre：活力的，灵敏的

fidens, entis：勇敢的，坚定的

omnia：万物，这里指一切失效的财富，命运的坎坷。智者的灵魂懂得摆脱这类束缚。

erigo, is, ere, rexi, rectum：竖立

译文

你当我在信上会说些愚顽话题，好比冬日喜人，暖而短促，春来艰吝，寒潮常袭，诸如此类？我宁可写点于你我有用的。那会是什么？莫若激起你的慧心。你问，慧心的根基何在？不以虚妄自喜。我说过，这是根基：这还是顶点。一个人若知欢喜从何处来，不以外在现实影响自身幸福，也必达至顶点。一个人若总为希望蒙蔽，必定犹疑不安，就算万事唾手即得、不费心力、期盼从不落空。我的好卢基利乌斯呵！学会真实的喜乐吧！我让你规避诸种希望——甜美的诱惑呵，我力排不测，你心里嘀咕着我在剥夺你的好些乐趣吗？恰恰相反，我希望你永不欠缺喜乐。我希望喜乐自个儿生成，并且只在你的内心生成。别的快活太肤浅，不会充满内心，只会抚平额上的皱纹；莫非你真的相信，微笑的人确乎内心喜乐？我们的灵魂必须充满活力、信心、坚定无上。相信我吧，真实的喜乐是件严肃的事。

批注

本文运用了好些表达喜悦、幸福的词汇，塞内卡很好地区别了这些词在语义上的细微差异。他用 gaudium 和 gaudeo 表示智

者的内在喜乐，一种不会终结也不会变异的状态。西塞罗也曾把gaudium定义为理性而安详的喜乐，同时把laetitia定义为外在、非理性的欢乐，不过，laetitia本身其实不含贬义。形容词laetus原指与农业有关的充沛，laetitia则指一种流露出来的欢乐，比如在收割庄稼或采摘葡萄的季节经常感受到的快乐。在这里，塞内卡没有采用西塞罗的用法，laetitia更像是gaudium的一种外在流露。此外，alacer（与ambulo［行走］同根）表达欢乐的活力。hilaris［快活的］和hilaritas［快活］常与tristis［忧伤的］et tristitia［忧伤］相对。这些词更多用于形容人的表情，指一种外在的快乐，或好性情。uoluptas［乐趣］一词的用法从根本上区分了斯多亚学派和伊壁鸠鲁学派的理论：斯多亚哲人把“乐趣”视为一种危险的激情，伊壁鸠鲁哲人则用这个词来指代至上的善。最后，felicitas［幸福］指一种幸福的境遇，神或命运的庇护。一个人的人生如果充满各种善的运气，就被称为beatus［真福的，极乐的］。很快，在基督教作者的影响下，beatus和beatitudo［真福，极乐］开始带有一种灵修意味。

后篇：罗马宗教与基督宗教的相遇

述要

一世纪时，基督宗教在罗马帝国的一个偏远行省诞生，随即传遍整个帝国。这是人类历史上的一个重大事件。到了四世纪初，罗马皇帝纷纷皈依基督宗教，随后将之确立为近乎法定的宗教，这是人类历史上的又一个重大事件。与前一事件不同的是，有关后一事件的起因和后果，迄今仍有争议。

早期基督徒墓铭（公元三世纪初，出土于罗马圣彼得大教堂地下，卢浮宫馆藏）

这个石棺内壁两边刻有古罗马S形装饰花样。碑文显示，死者是一名叫丽维娅的年轻罗马女子，去世时仅24岁零9个月。她的姐妹悼念她。从上头雕刻的放牧人与羊群、锚、鱼等形象看，死者生前是基督徒。

本述要（和接下来的选读文本）不可能涉及上述历史事件的方方面面，而是延续“前篇”的做法，着重解释如下几个问题：

首先，西罗马帝国的基督宗教发展与拉丁语的关系；

其次，传统的多神信仰*与新兴的基督宗教之间的冲突，这有助于我们进一步理解这两种宗教形态，因为，冲突往往再好不过地显示了对峙双方的根本特点。

最后，君士坦丁大帝在312年皈依基督宗教这一事件的前因后果，以及四至五世纪两种宗教形态之间的进一步交锋。

* Paganus, i, *m*.：现行汉译里的“异教”和“异教徒”带有主观评判意味，难免失于偏颇。虽然不信仰基督宗教的人有很多种，但本书集中探讨的是古罗马多神信仰与基督宗教的冲突，故在基督教作者的文中保留“异教”之说，其余统一以“多神信仰”指paganus。特此说明。

基督宗教与拉丁语

《新约》各卷以当时在地中海沿岸通用的希腊语（koinè，也就是在不同民族之间通行的希腊语，有别于古典希腊语）写成。然而，自公元一世纪末起，拉丁语在表达思想和传播基督宗教方面不可或缺，这基于多方原因：拉丁语是罗马帝国的行政语言，而基督宗教恰恰在罗马帝国的疆土内获得发展；彼得和保罗两位使徒在帝国的首都罗马殉教，使得罗马教会在主持联合上比各地教会更有优势；二世纪以来涌现出一批拉丁教父，比如德尔图良（Tertulianus）和米努西乌斯（Marcus Minucius Felix）。自君士坦丁大帝于312年皈依基督宗教以来，拉丁语文和思想在西方教会取得了辉煌的成就。奥古斯丁（354—430）的著述最好不过地展示了教父拉丁语的风貌，虽然当时所有伟大的基督宗教思想家均与古希腊思想和古希腊语文保持特殊亲密的联系。

在中世纪以前，拉丁语从来不是礼拜仪式的唯一用语，也不是教会教父们的唯一写作语言。除起根本性作用的古希腊语以外，我们同时也不应该忘记古叙利亚语、阿拉伯语或亚美尼亚语等。

古代基督宗教文学存在于所有这些语言之中。此外，我们也不应该把希腊语的作用绝对化：不管怎么说，奠定耶稣思想框架的旧约圣经几乎全以希伯来语写成，而耶稣本人说的是阿拉米语。福音书作者们转译了他说过的话。基督宗教的思想和传播建立在地中海沿岸不同语言之间相互交汇的翻译和解释的基础之上，认识到这一点至关重要。

基督宗教和西罗马帝国的联盟，使得拉丁语成为西方基督教会的官方语言。在接下来的很长时间里，拉丁语成为礼拜仪式用语（即礼拜拉丁语），同时还是基督宗教的神学灵修思想发展上的重要语言（即教父拉丁语）。西罗马帝国灭亡以后，中世纪的经院僧侣们努力在动乱年代里挽救和保护古典文明，他们和随后产生的大学均以拉丁语为基础语言（即中世经院拉丁语）。直至十五世纪，拉丁语才逐渐为各种地方语言（法语、意大利语……）所取代。

传统的多神信仰与新兴的基督宗教

克尔苏斯（Celsus）是生活在公元二世纪的希腊作者，160—178年间写下了反基督教檄文《真言》（*Logos alethés*）。这部作品今已佚失，好在当时的基督教神学家、著名希腊教父俄利根（Origenes）写过一部《驳克尔苏斯》（*Kata Kelsou*）的护教大典，我们从中找到了他援引《真言》的一些片段，其中克尔苏斯写道：

> 新近出现了这么一个人类族群，他们没有祖国，没有传统，联合起来反对一切公民宗教政制，正义控诉之，世人斥之大逆不道，他们反把众人的诅咒视同荣耀：这些人就是基督徒。……基督徒在犹太人中找到了一个新摩西，

比先前那位还要迷惑他们。他在他们面前自称上帝之子，为他们制定新教义。……大家都知道他的下场。他在活着的时候一无所获；据说死后还复活了，把掌上的伤痕指给人看。可是，谁真的看见这一切啦？……你们要全力支持皇帝，追随他捍卫正义，必要时为他战斗，配合他统率军队！莫再逃避你们的公民义务和军役吧！为了挽救法律，捍卫虔信，积极参与公共事务吧！

基督徒在当时经常被公开指责不信神。他们拒绝传统的多神信仰和为皇帝效忠，从某种意义而言，这无异于在挖罗马帝国的“墙角”。基督教护教士们为了替自己辩护，把信徒对上帝的使命和公民对国家的义务区分开来，声明公民义务丝毫未受影响，但这种说法无济于事，基督宗教确乎威胁到了罗马帝国的政教统一。有趣的是，罗马帝国的对外政策常以宽容和多元著称，但在基督宗教信仰所带来的这种全新的普世性面前，一开始却显得一筹莫展。

基督宗教一旦与罗马帝国政制发生接触，一种新的公民资格观就此产生。使徒保罗在这个问题上的影响深远。我们在前篇中已经看到，在罗马人对宗教的理解中，公民资格占有何等重要的地位。保罗是犹太人，天生具有罗马公民资格，他为之骄傲，并充分利用这种威信。在《使徒行传》中，他自称是罗马人，并且生来就是，因而避免被拷问（22:27—29），他还要求站在恺撒面前受审，于是被送往罗马（25:10—12）。在罗马，保罗多次与犹太人和多神信仰者谈话，传播自己的信仰。他最终被杀害，但殉难的经过与原因迄今不明——不过，他没有被钉上十字架，而是被斩首，这种行刑方式与他的罗马公民身份显然有关。与此同时，保罗的书信也在逐步推介一种全新的罗马公民观念。在《科林多前书》第三到四章中，他提到利用罗马世界中“收买人心”的传统做法而形成新的基督宗教团体，并巧妙地批判了这类团体中人与人关系的运行机制：地方教会的每个成员声称“我是属保罗的”，或“我是属亚波罗的”，等等。保罗批评这种运行方式，承诺建立一种平等、包容、同一起点的人与人的关系准则。在《以弗所书》中，他更是运用罗马帝国的法律术语，声称基督徒不再是“外邦人”（也就是享有在某个城邦的居住权，但没有参政议政权），而是同胞，与“圣徒同国，是神家里的人”（2:19）。这样，保罗在利用罗马公民资格这一概念的同时，也推翻了旧有概念的含义，创造了“上帝之国的公民资格”这样一种信徒之间的绝对平等关系。

这种精神上的公民资格与世俗公民资格的差别，在早期的基督教护教士文献《丢格那妥书》（*Pros Diogneton epistolé*）中得到很好的表现。《丢格那妥书》大约创作于160—210年间，作者姓名不详。这份书信清楚再现了基督教团体当时所面临的诸种问题，内容涉及福音书文本、保罗的传道、从迫害中汲取教训，等等：

> 基督徒与常人之别，不在国家、语言或穿着。他们不住自己的城邦，不使用特别的方言，也没有专门的生活方式。……他们顺应命运的安排，分散在希腊人或外族的城邦；他们依照当地风俗来穿着、饮食和生活，与此同时，他们又显示了来自精神国度的非凡而绝对与现实悖谬的约法。他们像被驯化了的外乡人那样，居住在自己的祖国。他们既履行公民的义务，又担当外乡人的本分。对他们而言，外乡即祖国，祖国即外乡。……简单地说，灵魂相对于肉体的关系，也就是基督徒相对于此世的关系。（《丢格那妥书》，V，1—10；VI，1）

基督徒是上帝之国的公民。他们也履行世俗的本分，但只是路过的居民，而不是完全从属于世界城邦的公民*。 直至四世纪

* 由此导致了宗教合法化和公民合法化的差异。三世纪初，教宗卡利克斯特命令女贵族与社会身份低贱的男子乃至奴隶进行宗教通婚，这在罗马人的传统观念中形同丑闻。

初，罗马帝国始终把基督教会视作潜在的威胁，随时可能破坏帝国赖以生存的政教平衡。在发展与迫害之间，基督教会艰难地寻找着身份认同。

君士坦丁大帝皈依基督

在303至311年间，基督教会还受到大迫害，成千上万人死于非命。311年，西罗马帝国的四名皇帝之一颁布了终止迫害基督教的敕令，但是，传统的多神信仰依旧是帝国的根基，获得奉行。在当时整个罗马帝国里，大约有百分之五到十的居民是基督徒（其中北非和希腊比例最高），这些人的政治处境始终不稳定。312年十月，四皇之一的君士坦丁，传说在做过一场梦后，下命在士兵的盾牌上刻下希腊语“基督”（Χριστ）的前两个字母，在台伯河上的穆尔维桥战役中大获全胜，随后就皈依了基督教。君士坦丁的改教及其政治影响常常引起后人的诸种解说，这里有必要回顾一下史实*：

313年，西方的基督徒君士坦丁和东方的多神信徒李锡尼乌斯（Licinius）在米兰会晤，签署米兰敕令，协议平等对待帝国内部的基督徒和多神信众。

324年，君士坦丁打败李锡尼乌斯，重新统一西罗马帝国。他允诺多神信仰自由，保证不破坏传统神庙。当时的罗马帝国官方依旧奉行多神信仰，只是皇帝本人是基督徒。君士坦丁只禁止崇拜神化的皇帝，**但在他本人死后，当时的多神信仰重镇、罗马元老院照旧把他尊奉为神（diuus）***。此外，君士坦丁还禁止基督徒官员以公共职务的名义执行传统的多神崇拜礼仪。他没有迫害多神信众，也没有限制他们担任公共职务——他甚至多次在

* 主要参考：Paul Veyne, *Quand notre monde est devenu chrétien (312-394)*, Paris, Albin Michel, 2007。其他著作见“参考文献”。

** 罗马人当时设有一些献给君士坦丁本人的崇拜仪式，有关这些仪式的取舍始终含混不清，相关资料的研究也很不便利。君士坦丁似乎保留了那些敬拜他本人的传统节庆，但禁止了动物献祭的部分。血腥的献祭礼引发了某种近乎生理性的恐怖，这可以说是当时的基督徒最不能容忍多神信仰之处。当时有个意大利城邦要求以君士坦丁的名义设立一年一度的重大节日，君士坦丁为此授权举办角斗竞技、建造献给他的整个家族的圣堂，但禁止相关的祭司主持献祭礼。毫无疑问，君士坦丁没有禁止所有的献祭仪式（或者说，即便他真的禁止了，事实上也没有获得执行），但他禁止高级官员（不超过150人次）在任职期间当众奉献祭品。

*** 在罗马皇帝中，瓦伦提尼安最后一个在死后以基督徒的身份入葬，同时依照多神信仰的习俗被尊奉为神（375年）。

敕令和法令中重复这一点，每次还不忘补充说，他认为多神信仰是迷信（superstitio 一词用于多神信仰，始于君士坦丁！）。他宣称："就让那些受蒙蔽的人们享受和平吧，就让每个人保有内心想要的东西吧！就让谁也别折磨谁吧！"* 这些话似乎有效地阻止了当时一些过于狂热的基督徒前去破坏传统庆典和神庙。直至324年以后，罗马元老院还继续对帝国的公共崇拜施加影响。

* 尤见 Eusebius Pamphili, *Vita Constantini*, II, 56,1 et 60,1。

君士坦丁还制定了一些法令，以免基督徒被迫做出有违良知的事。比如，信仰基督宗教的罪犯不得充当角斗士，而改判为强制劳动，因为，十诫中规定"不杀人"（不过，他没法取缔角斗这一罗马公共娱乐）。君士坦丁还强制性地规定安息日（321年），以个人名义向教会拨款，用于建设教堂，并免去基督教会神职人员的税务和兵役（不过，多神信仰的祭司们早已如此，他同样免了犹太拉比的税务和兵役）。换言之，君士坦丁只是扶持基督宗教，但没有苛待作为 religio licita（合法宗教）的多神信仰和其他宗教。

君士坦丁改教的原因迄今不明。不过，晚近的历史

努米底亚的基督教洗礼器（baptistery）

学家们不再怀疑他的信仰的真诚性。当然，他本人相当迷恋基督宗教的号召力：神性的超越，爱敌人如爱邻人，个人的情感能力决定宗教情怀，团体情怀的成长，教会的普世结构，等等。从这些看来，基督宗教确乎是一种真正意义的创新，对精神、心灵乃至社会的创新，给当时四分五裂的罗马帝国带来新的希望，统一的希望。显然，正是基于这个原因，君士坦丁自始至终关注教会本身的统一。他本人虽到临终才受洗，生前却以“编外主教”的身份自居，多次召集公会议，积极倡议协调不同教派之间的教义冲突。所有这些努力指向同一目的：统一的教会和统一的帝国。

君士坦丁二世（Constantius II，337—361年在位）是君士坦丁大帝之子，他笃信基督教*，推行乃父的“怀柔”政治，把多神信仰视同“迷信”，而不再是政治威胁或宗教竞争对手。在他之后的尤利安努斯（Iulianus，361—363年在位）堪称罗马帝国最后一位多神信仰的皇帝，他迷恋古希腊文明，尝试复兴传统的多神信仰，压抑基督宗教信仰，史称“背教者”（Apostata）。但他的努力终于没有成功。随后的历任皇帝转而致力于“灭绝魔鬼崇拜”，基督宗教也渐渐在与多神信仰的交锋中占上风。382年，罗马元老院的胜利女神祭坛被拆毁，引起不少笃信传统宗教者的抗议，本书第二十篇叙马库斯的短文与此有关。

* 君士坦丁二世虽然笃信基督教，但也直到临终才受洗。事实上，这种做法在当时颇为普遍。受洗意味着从此在精神上绝对顺从教会神职人员，这对一个皇帝来说不见得是好事。另外，受洗就是洗清以往犯下的罪过，当时尚无告解圣事。从这两方面的原因来看，自是越晚受洗越好。

不过，罗马帝国真正卸下“多神信仰”的头冠，换以“基督信仰”的名分，却是在四世纪末的最后几年。直到格拉济亚努斯（Gratianus）在位期间（367—383年），身为基督徒的皇帝们才停止兼任司祭长（Pontifex Maximus）的职务并主持传统崇拜仪式。390年前后，罗马元老院的多数成员依然奉行多神信仰。罗马行政长官曾下令活埋某个未守贞操的维斯塔女祭司，尽管这种刑罚早在三个世纪以前就被认定过分野蛮。当时有很多人试图复兴传统宗教。392年，作为回应，提奥图西乌斯皇帝（Theodosius）

下令禁止一切多神崇拜，乃至家族祭祖仪式。394年，他战败了获得罗马元老们支持的尤根尼乌斯（Eugenius）和阿波加斯特（Arbogast）。至此，这场漫长的征战才算告终。君士坦丁大帝开创的多神－基督宗教双重信仰并行的体制就此结束，基督宗教正式成为国教（在帝国东部，多神信仰还将继续存在两三世纪）。

五世纪初，基督宗教的罗马帝国吸纳了传统罗马世界的部分习俗和思考方式。比如，基督徒沿袭了古罗马人建造庙宇或铭刻纪念牌以谢神恩的做法。430年，摄政太后卡拉·普拉西提阿（Galla Placidia）下令在拉文纳建造一座献给圣徒约翰的教堂，上面刻有一句拉丁语铭文，充满多神信仰风格：uotum soluit（夙愿已了！）。在东方，这种状况一直持续到1453年拜占庭帝国灭亡。但在西方，北方民族的入侵导致西罗马帝国迅速沦陷，也动摇了传统的精神根基。新的意识形态应运而生，在奥古斯丁的《上帝之国》中已初露端倪。不过，从这个时刻起，漫长的西方中世纪历史也就开始了，我们不知不觉中走出了多神信仰与基督宗教分踞同一世界的短暂历史时期……

词语汇释

一、圣经和神学用语

首先看两个重要概念：

Septuaginta：汉语称“七十士译本”，指希伯来旧约圣经的希腊语版本。传说大约在公元前270年，亚历山大里亚的七十二名学者以希腊语译出了摩西五经。但这个传说并没有大多史实依据。后来又有人把译者人数改成七十名，由此产生了后世的“七十士译本”这个说法。Septuaginta 最初只指摩西五经，后来通指希腊语版本的全部圣经。

Vulgata（本意为“通用的”，“普遍的”，“公开的”）：汉语也称“武加大圣经”，即拉丁语的圣经译本，大部分译文由圣哲罗姆在四世纪末五世纪初完成。哲罗姆于382年始译新约，385年始译旧约。他在译事中遭逢疑难，前往巴勒斯坦求教犹太博士和希伯来圣经专家。他的心愿是找到 veritas hebraica（希伯来语的真谛）。他的翻译工作得到了后世不知名的翻译家们的补充和修订。Vulgata 的各种抄本之间常有不同，经过屡次修订，1456年成为西方史上的首部印刷本，也就是“四十二行圣经”，或称“谷登堡圣经”，迄今依然是天主教会公共礼拜时通用的拉丁语版本。

圣经汉译的版本差异

自16世纪以来，天主教和新教的圣经汉译工作是分别展开的。迄今华人天主教界公认的权威版本是1968年的《思高圣经》，新教则通用1919年的《和合本圣经》。由于种种历史原因，华人教会和基督宗教学术界在许多圣经译名上存在差异。以三位一体的译名为例，第一位的称谓，天主教称“天主”，新教称“上帝”或“神”；第三位，天主教称“圣神”，新教称“圣灵”。再比如第十三、十四篇标题里，天主教称“若望”，新教称“约翰”；天主教称“天父经”，新教称“主祷文”。由于罗马天主教会长期使用“武加大圣经”，汉译中的天主教版本在某些时候更亲近拉丁语。汉语学术界在中世纪神学方面更常沿用新教译名。

Deus, **-i**, *m.*：上帝，天主

caelum, **-i**, *n.*：天，天空

spiritus, **us**, *m.*：精神，呼吸

Spiritus Sanctus：圣神

Iesus（无性数格变化）：耶稣

Christus, **i**, *m.*：基督（该词由拉丁语直接沿用自古希腊语，许多基督宗教用语均如此。）

caritas, **-tatis**, *f.*：爱，仁爱。在基督宗教用语中，caritas 对应古希腊语中的 agapé（一般与 eros［爱欲］形成对照），指一种不求回报的爱，上帝对人的爱即是最好的例子。

amor, **-oris**, *m.*：爱，爱欲

fons, **tis**, *m.*：泉，井

mors, **tis**, *f.*：死亡

caro, **nis**, *f.*：(1) 肌肉，肉；(2) 果肉；(3) 肉身，相对灵魂而言。最后这种用法已见于塞内卡和西塞罗的作品，基督教作者在解释新约中有关灵与肉的言说时，大量用到该词。

incarnatio, **onis**, *f.*：道成肉身（基督徒旧词新用的一个例子）

resurrectio, **onis**, *f.*：复活

benedictus, **a**, **um**：领祝福者

peccatum, **i**, *n.*：罪

tollo, **ere**：举起，除去，消除

crux, **crucis**, *f.*：绞架，十字架

hostia, **ae**, *f.*：在古代罗马宗教中，这个词本指为平息诸神怒火而奉献的赎罪祭品，比如 hostia lactens（还在吃奶的被祭牲畜，羊羔）；hostia maior / maxima（完全成熟的被祭牲畜）。后来指神甫在主持领圣餐仪式中祝福过的无酵面饼，随后分给领圣餐的教徒。

mundus, **i**, *m.*：世界，普世

pax, **pacis**, *f.*：平安

misericordia, *f.*：慈悲，仁慈

spes, **spei**, *f.*：(第 5 变格) 希望

converto, **ere**：(使) 转向，回顾

fructus, **us**, *m.*：果实

exsilum, **ii**, *n.*：流放，流亡

uirgo, **ginis**, *f.*：童女，贞女，处女

lectio, **onis**, *f.*：阅读，诵读。这个词特别用来指当众高声诵读圣经。传说是利俄根和圣安波罗修（Ambrosius）开创了这种阅读方式。“圣经诵读”是西方隐修士默祷的基础方法之一（诵读 lectio—默想 meditatio—祈祷 oratio—默观 contemplatio）。

eucharistia, **ae**, *f.*：感恩祭（源自希腊语）

Euangelium, **i**, *n.*：福音（源自希腊语）

mundo, **are**, **aui**, **atum**：洁净

confiteor, **eri**, **fessus sum**：忏悔，告解

omnipotens, **entis**：全能的

beatus, **a**, **um**：有福者，幸运者

pecco, **are**, **aui**, **atum**：犯罪

opus, **operis**, *n.*：工作，任务，行为

uoluntas, **tatis**, *f.*：心思，意愿

benedico, **ere**, **xi**, **ctum**：称颂，表扬（在古典拉丁语中，bene dico 指夸奖某人。合并成一个词的 benedico 和名词 benedictio，onis，*f.* 同系基督教会发明的用语。）

adoro, **are**, **aui**, **atum**：崇拜。在古典拉丁语中，该词原指发言、演说，后来转义为发表赞颂、祷告的言辞，又转义为祈求神灵，崇拜，匍伏在……前。多神信仰与基督宗教在崇拜对象的合法性问题上存在着极大争议。

glorifico, **are**：显扬（旧词新用，最早见德尔图良文）

gratias ago, **ere**, **egi**, **actum**：感谢

unigenitus, **a**, **um**：独生子/女

dextera, **ae**, *f.*：右手

panis, **is**, *m.*：面包

uinum, **i**, *n.*：葡萄酒

figura, **ae**, *f.*：喻像，或预像。该词在后世成为哲学和神学的常用术语。基督教作者用来指旧约中的一些人物和事件，把它们视为耶稣将临、拯救世人的“喻像”。比如，希伯来人穿过红海，就是耶稣基督死而复活的一个“喻像”。

sanctifico, **are**：祝圣，圣化（旧词新用，最早见德尔图良的记载）

cotidianus，a，um：每日，逐日

debitor，oris，*m.*：欠债人

induco，ere，duxi，ductum：引入，引进

tentatio，onis，*f.*：诱惑，试探

libero，are，aui，atum：解放，宽免

anima，ae，*f.*：在基督宗教语汇中，渐渐专门指由上帝所造的人类的不死灵魂。在古典拉丁语中本指气流，后来指气息，呼吸，与animus，i，*m.*（指心理活动、情感、热情、勇气、欲求等）相关。而animus又与mens，mentis，*f.*（思想、心智、思考）相对。这三个词后来都成为基督宗教用语，但anima的宗教意味更为明确。

二、教会和司法用语

christianitas：(1) 基督宗教；(2)（稍后指）基督徒，基督宗教社团；(3) 在罗马帝国晚期的一些法律文书中专指神职人员。

ecclesia，ae，*f.*：直接借用自希腊语。(1) 早期基督徒的礼拜聚会；(2) 教会，普世教会；(3) 教堂。Ecclesia本指平民集会，后来引申为基督徒的聚会，即每个礼拜第一天聚集在一起纪念耶稣在人间的最后晚餐。

religio licita，religio illicita：合法宗教，非法宗教。“合法宗教”（religio licita）的说法最早见德尔图良的记载，但未见于任何明文法典。有些敕令中把犹太教定为“合法宗教”（也就是享有一些特权，包括捐税、兵役和赦免参与官方崇拜仪式等），但我们不能说，罗马帝国各地区对犹太教实行一致的政策。在宗教政策的实施方面，地方政府的决策起到了重要作用。比如，提贝里乌斯皇帝（Tiberius）和多米提安努斯皇帝（Domitianus）的“异教”

政策极为严苛，但这些宗教政策究竟建立在何种法律基础之上，又牵涉到哪些人，迄今仍有争议。“非法宗教”（religio illicita）指未获认可的宗教，但没有明确的司法规定。

haeresis, **is**, *f.*：教义，流派（直接借用自古希腊语）。基督教作者用来指基督教内部不同派别的教义分化。早期基督教会主要致力于以使徒传统和圣经教诲为依据确定教义的正统性。德尔图良不仅与多神信徒论战，也常检举那些在擅自把圣经和哲学思辨联系起来发明“新教义”的基督徒。稍后出现的阿里乌斯派否认耶稣的神性，并模拟罗马帝国等级制度来解释神性，成为几个世纪里最主要的异端学说，东西罗马帝国的主教们多番召开公议会，就是为了联合起来反对阿里乌斯派学说，维护教义的正统性。君士坦丁大帝也以协助主教们清扫异端学说为己任。五世纪入侵西罗马帝国的好些君王均系阿里乌斯派信徒，但随后渐渐转而皈依罗马正教。

concilium, **ii**, *n.*：这个词很重要，有多种用法。最早指聚合、几样东西合在一起，如卢克莱修的原子聚合论。后来指集会、大会，如 concilium deorum（诸神大会）；concilium pastorum（牧师大会）。古罗马人极为明确地规定了该词的政治含义：concilium plebis 指平民大会，concilium populi 指公民大会。基督教会用来指主教们为协商教义教规而召开的公议会。

另外还有 **synodus**, **i**, *f.*，指基督教会中的主教会议、教务会议。

communio, **onis**, *f.*：社团、共同体、共同性。西塞罗等古典时期的作者曾提及语言或法律的 communio。基督教作者用来指某个教会内部或全体地方教会之间的教理统一和互助互爱。

文本阅读

十三、《约翰福音》开篇（1：1—5，10—15）

在“武加大圣经”中，《约翰福音》的开篇是这样的：

In principio erat Verbum, et Verbum erat apud Deum, et Deus erat Verbum. Hoc erat in principio apud Deum. Omnia per ipsum facta sunt, et sine ipso factum est nihil, quod factum est; in ipso vita erat, et vita erat lux hominum, et lux in tenebris lucet, et tenebrae eum non comprehenderunt. (…) In mundo erat, et mundus per ipsum factus est, et mundus eum non cognovit. In propria venit, et sui eum non receperunt. Quotquot autem acceperunt eum, dedit eis potestatem filios Dei fieri, his, qui credunt in nomine eius, qui non ex sanguinibus neque ex voluntate carnis neque ex voluntate viri, sed ex Deo nati sunt. Et Verbum caro factum est et habitavit in nobis; et vidimus gloriam eius, gloriam quasi Unigeniti a Patre, plenum gratiae et veritatis.

圣经场景石雕（公元四世纪，卢浮宫馆藏）

从左到右：

该隐和亚伯献供物给上帝；以撒（或挪亚）祝福孩童；彼得三次不认主；耶稣与撒玛利亚妇人；耶稣治愈病人。

词汇

tenebrae, arum：（阴性复数）黑暗

luceo, ere, luxi：光耀

comprehendo, ere, di, hensum：抓，捉

quotquot：（无变格关系代词）无论多少

fio, fieri, factus：半异态，发生

sanguis, guinis, *m.*：血液，变成

nascor, nasci, natus：诞生

habito, are, avi, atus：居住

uideo, ere, vidi, visus：见

quasi：仿佛，几乎

ueritas, tatis, *f.*：真理，真实

译文

在起初已有圣言，圣言与天主同在，圣言就是天主。圣言在起初就与天主同在。万有是藉著他而造成的；凡受造的，没有一样不是由他而造成的。在他内有生命，这生命是人的光。光在黑暗中照耀，黑暗决不能胜过他。……他已在世界上；世界原是藉他造成的；但世界却不认识他。他来到了自己的领域，自己的人却没有接受他。但是，凡接受他的，他给他们，即给那些信他名字的人权能，好成为天主的子女。他们不是由血气，也不是由肉欲，也不是由男欲，而是由天主生的。于是，圣言成了血肉，寄居在我们中间；我们见了他的光荣，正如父独生者的光荣，满溢恩宠和真理（思高译本：《若望福音》，1：1—5；10—14）。

太初有道，道与神同在，道就是神。这道太初与神同在。万物是藉着他造的；凡被造的，没有一样不是藉着他造的。生命在他里头，这生命就是人的光。光照在黑暗里，黑暗里却不接受光。……他在世界，世界也是藉着他造的，世界却不认识他。他到自己的地方来，自己的人倒不接待他。凡接待他的，就是信他名的人，他就赐他们权柄，作神的儿女。这等人不是从血气生的，不是从情欲生的，也不是从人意生的，乃是从神生的。道成了肉身，住在我们中间，充充满满的有恩典，有真理。我们也见过他的荣光，正是父独生子的荣光（和合本译本：《约翰福音》，1：1—5；10—14）。

批注

《新约》希腊语与《旧约》希伯来语有极深的渊源，《约翰福音》开篇更是带有明显的《创世记》开篇的影响。毫不夸张地说，从基督宗教用语的角度来看，这篇文本自古希腊语译成拉丁语以来，对后世的基督宗教思想产生了深远的影响。比如，“光照”与

"黑暗"、"从血气生"与"从神意生"的比照说法，再比如，人无法认识上帝，唯有基督道成肉身，住在人类中间，使人见到他的荣光。从各方面而言，这都是一篇经典的奠基之作。拉丁语译本的产生，无疑在犹太世界、希腊世界和罗马世界之间起到了某种战略性的中介交流作用。

十四、天父经

天父经（Pater noster）是最古老的礼拜经文之一，也是福音书作者所记载的唯一一篇由耶稣亲自传授的祈祷文。我们知道两个希腊文版本，一个较简短，在《路加福音》中（11:2—4），另一个较长，在《马太福音》中（6:9—13）。拉丁语经文主要依据后一个版本。

Pater noster, qui es in caelis
Sanctificetur nomen tuum;
Adveniat regnum tuum;
Fiat voluntas tua
sicut in caelo et in terra.
Panem nostrum quotidianum da nobis hodie,
et dimitte nobis debita nostra
sicut et nos dimittimus debitoribus nostris
et ne nos inducas in tentationem
sed libera nos a malo.

以下是目前在中国通用的一种经文版本：

我们的天父，
愿你的名受显扬；

愿你的国来临；

愿你的旨意奉行在人间，如同在天上。

求你今天赏给我们日用的食粮；

求你宽恕我们的罪过，

如同我们宽恕别人一样；

不要让我们陷于诱惑；

但救我们免于凶恶。

批注

参比原文和译文，我们不难掌握下面这几个拉丁语词的含义和用法：

aduenio – regnum – uoluntas – hodie – tentatio

以下三个例子有助于我们思考翻译和解释的问题。

sanctificare（sanctificetur nomen tuum）：我们已经知道了古典拉丁语中 sanctus［圣洁的，一旦侵犯就要处以惩罚的］和相关派生词的用法。基督教拉丁语大大改变了这个词的用法。

拉丁文的 sanctificare 准确传译了希腊原文中的 *agiasthêto*［使成圣，在句中就是“使名成圣”］。汉译用“显扬”，相比之下更接近古希腊语中的 *doxâzo*［荣耀，给予荣耀］：《约翰福音》（尤其第 17 章）中多次出现该词，含义与天父经中有些相似。不过，“圣名”的概念在旧约中极为重要：名是人物、权力乃至人们谈及的存在者的标志。sanctificetur nomen tuum 就是祷告天父的超验存在为所有人所认知。因此，基督教拉丁语不但改变了古典拉丁语中 sanctus 和 sanctificare 原本带有司法意味的用法，还引入了某种希伯来语的含义：在犹太教—基督宗教的语义中，所谓圣洁，恰恰就是我们所不具备、无法表现的。人类没有能力定义什么是圣洁，什么不是。

debita（dimitte nobis debita nostra）：《路加福音》的天父经中用了一个表示“罪”的希腊单词。但正如我们所看到的，马太的版本（也是拉丁译本的参考版本）用了 debita［债，欠债主的钱］，这个词准确传译了希腊原本中的 *opheilèmata*［债］。汉译者难以传译这个概念，于是选用“罪过”一词。债的概念（当然是一种譬喻，这里并不指金钱债务）与人的关系有关。因此，这里一开始不是指触犯法律，而是指某种关系的决裂。这一点可以从如下事实中得到佐证：经文中祈求天父，在我们减免亏欠我们的人（欠我们债的人，也就是造成与我们的关系决裂的那些人）的债这个条件下，也让我们的债得到减免。《马太福音》（18:23—35）中也出现了类似的譬喻。汉语译法虽不能算错，却给经文带来一个重要的语义区别问题：在天父经中，“罪过”的意思不是打破法律，而是打破关系。

malum（libera nos a malo）：凶恶。从希腊文译为拉丁文就有一个难题。事实上，希腊文本的最后一句相当有力：汉语中的“使免于”，对应希腊原文的 *rysai*，即“救拔出来，使挣脱”。因此，这句话直译为“把我们从凶恶中救拔出来”，类似把某人从狮子的口中救拔出来，《诗篇》中常常出现类似的意象（比如7 ： 1—2：“……将我救拔出来，恐怕他们像狮子撕裂我……”），耶稣在祈祷天父时肯定也想到了同一意象。因此，希腊语的动词比拉丁语中的 liberare［解救］更有力也更具象，而 liberare［解救］又比汉语中的“使免于”更有力。“从凶恶中救拔出来”，对应希腊文中的 *apô tou poneroû*，其中 *poneroû* 这个词很难传译。首先，这不是一种哲学范畴的恶，抽象的恶（比如善恶的恶，对应希腊

文中的 *to kakôn*）。这里指摆脱“恶劣”。但问题在于，希腊文中的 *poneroû* 既可以是阳性单数也可以是中性单数，可以指“恶人”（魔鬼）也可以指“恶劣，邪恶”。大多数译本和拉丁译本一样，只译出中性单数也就是“恶劣，邪恶”的意思，也就是某种在世界和人心之中施加作用的无名力量。总而言之，这里的 *poneroû* 并不特指哪一种恶，而是指威胁到人类生存的根本意义的恶。

现在再来比较新教通用的“主祷文”版本，我们将更好地理解上面提及的问题：

我们在天上的父，
愿人都**尊你的名为圣**。
愿你的国降临。
愿你的旨意行在地上，
如同行在天上。
我们日用的饮食，
今日赐给我们。
免我们的**债**，
如同我们免了人的**债**。
不叫我们遇见试探，
救我们**脱离凶恶**。

十五、宗徒信经与尼西亚信经

宗徒信经

宗徒信经是在德尔图良时代得到基本确定的古老经文。德尔图良记录了其中的好些经句，有的地方略有不同（参看第十六篇)。显然，这是罗马教会洗礼上用的信仰告白经文。

基督教早期并没有信经(credo)，人们使用 regula fidei(信仰规范，信仰准则)，doctrina(教义)，traditio(传统，古训)等。新约中已有信仰告白经文，如《马太福音》28 : 19;《罗马书》10 : 9;《科林多前书》15 : 3—5。宗徒信经也直接引用了《约翰福音》、《路加福音》、《马太福音》、《彼得前书》、《科林多前书》和《以弗所书》中的相关经文。

Credo in Deum, Patrem omnipotentem, Creatorem caeli et terrae.
Et in Iesum Christum, Filium eius unicum, Dominum nostrum:
qui conceptus est de Spiritu Sancto, natus ex Maria Virgine,
passus sub Pontio Pilato, crucifixus, mortuus, et sepultus,
descendit ad inferos,
tertia die resurrexit a mortuis,
ascendit ad caelos,
sedet ad dexteram Dei Patris omnipotentis,
inde venturus est iudicare vivos et mortuos.
Credo in Spiritum Sanctum,
sanctam Ecclesiam catholicam,
sanctorum communionem,
remissionem peccatorum,
carnis resurrectionem,
vitam aeternam.
Amen.

译文

我信全能的天主父，天地万物的创造者。

我信父的唯一子，我们的主耶稣基督。

他因圣神降孕，由童贞玛利亚诞生。

他在比拉多执政时蒙难，被钉在十字架上，死而安葬。

他下降阴府，第三日自死者中复活。

他升了天，坐在全能天主父的右边。

他要从天降来，审判生者死者。

我信圣神。

我信圣而公教会，诸圣的相通。

罪过的赦免。

肉身的复活。

永恒的生命。

阿们。（天主教版本）

我信上帝，全能的父，是创造天地的主。

我信我主耶稣基督，是上帝的独生子。

因圣灵感孕，为童贞女马利亚所生。

在本丢·彼拉多手下受难，钉在十字架上，受死，埋葬。

降在阴间，第三天复活。

升天，坐在圣父的右边，将来必再降临审判活人死人。

我信圣灵，我信圣而公之教会。

我信圣徒相通，我信罪得赦免，我信身体复活，我信永生。

阿们。（新教版本）

批注

参比原文和译文，我们不难掌握下面这几个拉丁语词的含义和用法：

omnipotentem – Filium eius unicum – conceptus – infernos – inde

尼西亚信经

经过激烈的神学论战，325年的尼西亚公会议和381年的君士坦丁公会议确立了尼西亚信经。它的目的在于确立一种正统的信仰解释，抵制多数教父所判驳的异端学说。尼西亚信经针对阿里乌斯派学说，特别确立了圣子与圣父的同性同体（consubstantialem Patri；希腊文作 *homo-ousios*，可以译为“同性”，或“同质”）。

这篇经文一开始是“教义”（dogma 是从希腊语直接借来的拉丁语，最早指教义，教理，后来指“公正、正统的教义”）。几世纪以后成为礼拜仪式上的祈祷经文。

八世纪，西方教会以在西班牙通用的反阿里乌斯派的古老经文为依据，强调圣灵“由圣父、圣子所共发”（qui ex Patre Filioque procedit），而不仅仅自圣父而发，而当初在尼西亚公会议上只是说“由圣父所发”（ex Patre procedit）。是否加上“圣子”（Filioque）之说，成为东正教会和天主教会分裂的直接肇因。查理曼大帝在与东罗马帝国的这场争辩中发挥了重要作用，最终在信经中加上“圣子”，但遭到当时教皇里奥三世的公开反对。值得指出的是，在统一教义前，好些教会教父对“由圣父、圣子所共发”有不同说法。在《论三位一体》（*De Trinitate*,IV,20,29）中，奥古斯丁写道：“我们不能否认圣灵同样由圣子所发，圣灵被称为圣父、圣子之灵，不是没有道理的”（nec possumus dicere quod spiritus sanctus et a filio non procedat; neque enim frustra idem spiritus et patris et filii spiritus dicitur）。

Credo in unum Deum, Patrem omnipotentem, factorem caeli et terrae, visibilium omnium et invisibilium.

Et in unum Dominum Iesum Christum, Filium Dei unigenitum, et ex Patre natum ante omnia saecula. Deum de Deo, Lumen de Lumine, Deum verum de Deo vero, genitum, non factum, consubstantialem Patri; per quem omnia facta sunt. Qui propter nos homines, et propter nostram salutem descendit de caelis. Et incarnatus est de Spiritu Sancto ex Maria Virgine, et homo factus est. Crucifixus etiam pro nobis sub Pontio Pilato, passus, et sepultus est. Et resurrexit tertia die, secundum Scripturas, et ascendit in caelum, sedet ad dexteram Patris. Et iterum venturus est cum gloria, iudicare vivos et mortuos, cuius regni non erit finis.

Et in Spiritum Sanctum, Dominum et vivificantem, qui ex Patre Filioque procedit. Qui cum Patre et Filio simul adoratur et conglorificatur: qui locutus est per prophetas. Et unam, sanctam, catholicam et apostolicam Ecclesiam. Confiteor unum baptisma in remissionem peccatorum. Et expecto resurrectionem mortuorum, et vitam venturi saeculi. Amen.

译文

我信唯一的天主，全能的圣父，天地万物，无论有形无形，都是他所创造的。我信唯一的主，耶稣基督，天主的独生子。他在万世之前，由圣父所生。他是出自天主的天主，出自光明的光明，出自真天主的真天主。他是由圣父所生，而非圣父所造，与圣父同性同体，万物是藉他而造成的。他为了我们人类，并为了我们的得救，从天降下。他因圣神由童贞玛利亚取得肉躯，而成为人。他在般雀比拉多执政时，为我们被钉在十字架上，受难而被埋葬。他正如圣经所载，第三日复活了。他升了天，坐在圣父的右边。他还要光荣地降来，审判生者死者，他的神国万世无疆。我信圣神，他是主及赋予生命者，由圣父圣子所共发。他和圣父圣子，同受钦崇，同享光荣，他曾藉先知们发言。我信唯一、至圣、至公、从宗徒传下来的教会。我承认赦罪的圣洗，只有一个。我期待死人的复活，及来世的生命。阿们。（天主教版本）

我们信独一上帝，全能的圣父，是创造天地，并一切有形无形万物的主。我们信独一主，耶稣基督，上帝的独生子，在万世以前为父所生，从上帝所出的上帝，从光所出的光，从真上帝所出的真上帝，是生，非造，与圣父同体，万物都是藉着他受造。为要拯救我们世人，从天降临，因圣灵的大能，为童贞女马利亚所生，成为世人。在本丢彼多手下为我们钉在十字架上；被害、受死、埋葬。应验了圣经的话，第三天复活；升天，坐在圣父的右边。将来必驾威荣再临审判活人死人，他的国永无穷尽。我们信圣灵，是主，是赐生命者，从圣父、圣子出来。和圣父圣子同受敬拜，同享尊荣。往日藉着众先知传话。我们信使徒所传的唯一圣而公之教会。我们承认为赦罪设立的独一洗礼。我们盼望死人的复活，并来世的永生。阿们。（新教版本）

批注

参比原文和译文，我们不难掌握下面这几个拉丁语词的含义和用法：

passus – sepultus – dexteram – uiuificantem – locutus est – uenturi saeculi

读者可以比较这里的两篇信经，注意尼西亚信经相对于宗徒信经都有哪些增删内容。接下来的德尔图良的文本有助于我们进一步了解早期基督宗教教义的确定过程。

十六、德尔图良：异端准则

德尔图良（Quintus Septimus Florens Tertullianus），150—160年间在迦太基（今突尼斯）出生，230—240年间在迦太基逝世。他是出身于柏柏尔多神信仰家庭的拉丁语作家，在皈依基督宗教

这幅木刻展示了早期基督教父潜心钻研圣经的情形，作者不详，年代应远远晚于德尔图良生活的年代。值得一提的是，德尔图良一身典型的柏柏尔打扮，与罗马风格相去甚远。

后，成为迦太基基督教团的标志性人物。他是神学家、教理传授家，也是论战斗士，反对各种新生的异端学说。他的主要论战对象包括马吉安（Marcion，约85—160，希腊作者，主张新约和旧约的上帝相互对立，并弃绝旧约的上帝）、华伦提努（Valentinus，约100—160，诺斯替教派，主张在圣经中寻找隐秘的真相）。德尔图良反驳这些观点，颂扬福音的简单性，并在《异端准则》（*Liber de praescriptione haereticorum*）中最早提出一些信仰准则。这里摘引了第10和15两段文字。

Quid ergo Athenis et Hierosolymis？ quid academiae et ecclesiae？ quid haereticis et christianis？ Nostra institutio de porticu Solomonis est qui et ipse tradiderat Dominum in simplicitate cordis esse quaerendum. Viderint qui stoicum et platonicum et dialecticum christianismum protulerunt. Nobis curiositate opus non est post Christum Jesum, nec inquisitione post evangelium. Cum credimus, nihil desideramus ultra credere. Hoc enim prius credimus, non esse quod ultra credere debeamus.（…）Regula est autem fidei, ut jam hinc, quid defendamus, profiteamur, illa scilicet, qua creditur: "Unum omnino Deum esse nec alium praeter mundi conditorem qui universa de nihilo produxerit per Verbum suum primo omnium emissum. Id Verbum filium ejus appellatum, in nomine Dei varie visum patriarchis, in prophetis semper auditum, postremo delatum ex spiritu patris Dei et virtute in virginem Mariam, carnem factum in utero ejus et ex ea natum egisse Jesum Christum ; exinde praedicasse novam legem et novam promissionem regni caelorum, virtutes fecisse, cruci fixum, tertia die resurrexisse ; in caelos ereptum sedisse ad dexteram patris ; misisse vicariam vim Spiritus sancti, qui credentes agat ; venturum cum claritate ad sumendos sanctos in vitae aeternae et promissorum caelestium fructum, et ad profanos judicandos igni perpetuo, facta utriusque partis resuscitatione cum carnis restitutione 。"

词汇

Academia, ae, *f.*：最早指柏拉图学园，即柏拉图在雅典附近开办的学校；后来引申为哲学学派。注意这里把雅典（希腊人的理性）和耶路撒冷（犹太人的信仰）对立起来。

Porticus Solomonis：所罗门的教义，也就是所罗门王的教诲；在旧约圣经中，所罗门是智慧的象征。**Porticus, us,** *f.* 不单指柱廊（也就是带柱子的开放性通道），还引申为教义，因为许多演说家和哲学家正是站在这些柱廊下传授义礼。

Stoicus, a, um：斯多亚主义，斯多亚派的

Platonicus, a, um：柏拉图主义，柏拉图派的

Dialecticus, a, um：辩证派的，与逻辑论证技艺有关的

curiositas , atis, *f.*：求知欲（这里略带贬义）

ultra（状语，介词后接宾格）：在……之外，除开

produco, duxi, ductum, ere：（1）向前引领（2）延长，伸展（3）培养，发展，生产（在本文中引申为"创造，使从混沌中出脱"）

Verbum：圣言，上帝之子，基督（语出《约翰福音》）

Patriarcha，ae，*m.*：长老，显贵；本文中专指《旧约》里出现的重要人物，他们是基督徒的信仰教父。

uterus，i，*m.*：母怀，母胎；抱在母亲怀里的孩子

regnum，i，*n.*：王权，王国；Regnum caelorum：天国，上帝之国

uicarius，a，um：替代者

uis（不规则名词：宾格 vim，夺格 vi，复数 vires，virium），***f.***：力量，气势

uenturus，a，um：将来的，未来的

claritas，atis，*f.*：明亮，光照（在本文中的意思接近 gloria，即“荣耀”）

restitutio，onis，*f.*：恢复，修复。本文中指肉身的复活。

译文

雅典与耶路撒冷何干？学园与教会何干？异教徒与基督徒何干？我们的教义来自所罗门王，他本人也亲自教诲，要以单纯的心寻求上帝。那些提出斯多亚派、柏拉图派、辨证派的基督宗教的人真真活该！除耶稣基督和福音以外，我们别无所求。我们既信了，就不用再信别的。因为，信仰的第一条就是我们不应再信别的。

信仰准则——因为从现在起，我们要告白自己的信仰——就是要认信：“只有唯一的主，也就是天地万物的创造者；天父以万世之先的圣言，从太初创造宇宙；这声言即是圣子，他凭主的名义，以不同形态向教父们显现，藉着先知们发言，并因圣神降孕，从童贞玛利亚胎中取得肉躯，生而为人，即是耶稣基督；他很快宣告天国新的约法和应许，行神迹，被钉在十字架上，第三日复活，升了天，坐在圣父的右边；他又使圣神替代自己引导信徒；他

还将在荣耀中显现，待到死人复活、尸首兴起，他会迎接圣徒，赐予永生的喜悦和天国的应许，并审判不信的人，扔进永世的火湖。”

批注

本文充分体现了“信仰准则”（regula fidei）所独有的描述性、形象化乃至戏剧特点。比起第二部分的教义准则，uterus，uis，claritas，restitutio 等词的效果更为鲜明有效。

对比德尔图良的信仰准则和前面学过的两个信经版本，有助于揭示如下两点：

第一，信经虽为教义文献，首先却是一个叙述文本：上帝把历史与人类连在一起，并在历史中显现；人们坚信这一历史的延续和完成，而信仰的行为正是建立在对这一历史的记忆和解释的基础上。

第二，确定信经的过程有一个特定的论战历史背景：在对《新旧》和《旧约》叙事的诸种解释中，有一些似乎损及基督信仰的根本叙事的深刻内涵，为此，有必要确立一个避免过多分歧的文本。不过，信仰宣言始终带有叙述风格，给诸种解释留下了相对自由的诠释余地。

十七、小普林尼：有关基督宗教的争议（书信集，10，96）

小普林尼（Caius Plinius Caecilius Secundus），罗马作家，元老院议员，61年前后生于意大利北部，114年前后逝世。他的书信集第十卷第九十六封写给当时的图拉真皇帝（Traianus），信中汇报了基督宗教在罗马帝国的传播，以及这一现象带给帝国行政官员的种种困扰，是一份极为珍贵的文献。

Nec mediocriter haesitavi, sitne aliquod discrimen aetatum, an quamlibet teneri nihil a robustioribus differant; detur paenitentiae venia, an ei, qui omnino Christianus fuit, desisse non prosit; nomen ipsum, si flagitiis careat, an flagitia cohaerentia nomini puniantur. Interim, in iis qui ad me tamquam Christiani deferebantur, hunc sum secutus modum. Interrogavi ipsos an essent Christiani. Confitentes iterum ac tertio interrogavi supplicium minatus; perseverantes duci iussi. Neque enim dubitabam, qualecumque esset quod faterentur, pertinaciam certe et inflexibilem obstinationem debere puniri. Fuerunt alii similis amentiae, quos, quia cives Romani erant, adnotavi in urbem remittendos.

Propositus est libellus sine auctore multorum nomina continens. Qui negabant esse se Christianos aut fuisse, cum praeeunte me deos appellarent et imagini tuae, quam propter hoc iusseram cum simulacris numinum afferri, ture ac vino supplicarent, praeterea male dicerent Christo, quorum nihil cogi posse dicuntur qui sunt re vera Christiani, dimittendos putavi.

Affirmabant autem hanc fuisse summam vel culpae suae vel erroris, quod essent soliti stato die ante lucem convenire, carmenque Christo quasi deo dicere secum invicem seque sacramento non in scelus aliquod obstringere, sed ne furta ne latrocinia ne adulteria committerent, ne fidem fallerent, ne depositum appellati abnegarent. Quibus peractis morem sibi discedendi fuisse rursusque coeundi ad capiendum cibum, promiscuum tamen et innoxium.

词汇

mediocriter, *adv.*：中等，一般

haesito, as, are, aui, atum：犹豫，踌躇

discrimen, minis, *n.*：（1）距离，差别（2）关键时刻，决定性的审判

quamlibet, *adv.*：无论如何

tener, nera, nerum：娇嫩的，年幼的

robustus, a, um：(1) 橡树的 (2) 结实的，坚定的

robur, oris, *n.*：(1) 橡树 (2) 结实，坚强

differo, fers, ferre, distuli, dilatum：(1) 分散，散布 (2) 有区别，不同

defero, fers, ferre, tuli, latum：(1) 带走 (2) 交托，授予

paenitentia, ae, *f.*：悔过

uenia, ueniae, *f.*：恩典，善心，宽恕（参见第十篇文本）

omnino, *adv.*：全然，彻底

christianus, a, um：基督宗教的

desino, is, ere, desii, desitum：中止，停止

prosum, profui, prodesse（不及物动词）：有益，有用

flagitium, ii, *n.*：无耻，耻辱

careo, es, ere, rui（无目的分次）：无，未，缺少

cohaereo, es, ere, haesi, ahesum：缠住，依附，亲近

punio, is, ire, iui, itum：惩罚，惩处

interim, *adv.*：当时，在此期间

interogo, as, are, aui, atum：提问

confiteor, eris, eri, fessus sum：承认，供认

fateor, eris, eri, fassus sum：承认，确认

iterum, *adv.*：再次，第二次

tertio, *adv.*：第三次

supplicium, ii, *n.*：刑罚，酷刑

minor, aris, ari, atus sum：威胁

perseuero, as, are, aui, atum：坚持，持续

qualiscumque, qualecumque：无论怎样的

fateor, fassus sum, fateri：认错，悔改

pertinacia, **ae**, *f.*：固执，顽固

certe, *adv.*：（1）显然；（2）至少，无论如何

obstinatio, **onis**, *f.*：执拗

inflexiblis, **e**：不可弯曲的，毫不屈服的

adnoto, **as**, **are**, **aui**, **atum**：注意

remitto, **is**, **ire**, **misi**, **missum**：（1）打发走（2）释放

propono, **is**, **ere**, **posui**, **positum**：（1）陈列，显示（2）提出，提议

libellus, **i**, *m.*：小册子，申诉书，大字报

liber, **libri**, *m.*：书

nego, **as**, **are**, **aui**, **atum**：否认，不承认

praeo, **is**, **ire**, **ii**, **itum**：先于，在……前

imago, **ginis**, *f.*：肖像，形象

simulacrum, **i**, *n.*：以形象表现，模拟

numem, **nimis**, *n.*：神性

adfero, **fes**, **ferre**, **adtuli**, **adlatum**：带来

tus, **turis**, *n.*：乳香，祭神的焚香

supplico, **as**, **are**, **aui**, **atum**：献祭，祷告

maledico, **is**, **ere**, **dixi**, **dictum**（+与格）：辱骂，冒犯

re uera：真的，真正地

adfirmo, **as**, **are**, **aui**, **atum**：（1）巩固，加强（2）断言，肯定

summa, **ae**, *f.*：（1）本质，实质（2）总和

culpa, **ae**, *f.*：错误，过失

error, **oris**, *m.*：误入迷途，谬误

Chrisus, **i**, *m.*：耶稣基督

secum = cum se：彼此，两者之间

inuicem, *adv.*：依次地，交替地

sacramentum, **i**, *n.*：宣誓（注意：该词起先指献给诸神以示信仰的祭品总额，继而指祭献时的宣誓。军事中指士兵向将军做入伍效忠宣誓。正如文中所显示的，早期基督徒的用法极为接近多神信徒：sacramentum 指基督徒侍奉耶稣基督，后转义为“圣事”，也就是有关基督宗教奥义的启示性征兆。）

obstringo, **is**, **ere**, **strinxi**, **strictum**：捆绑，束缚

furtum, **i**, *n.*：偷窃

latrocinium, **ii**, *n.*：抢劫，匪徒

adulterium, **ii**, *n.*：奸淫

committo, **is**, **ere**, **misi**, **missum**：触犯，委托

fides, **ei**, *f.*：（1）信心，信任（2）忠诚，诚实（3）宣誓保证

depositum, **i**, *n.*：寄存，存放

abnego, **as**, **are**, **aui**, **atum**：否认

perago, **is**, **ere**, **egi**, **actum**：完成，实现

coeo, **is**, **ire**, **ii**, **itum**：集合，聚集

cibus, **i**, *m.*：食物。这里指基督徒之间友好的聚餐。在当时，基督徒本身用希腊语 agape（友爱）来指代这种聚餐。

promiscuus, **a**, **um**：（1）混杂的（2）寻常的，平凡的

innoxius, **a**, **um**：无辜的，无害的

译文

我当时很是困惑（“不是一般困惑”）：年龄有差别吗？年幼的与最坚定（的成人）不同吗？要宽恕悔过的人，还是但凡从前是基督徒，就算放弃信仰也不可饶？基督徒未行恶也要惩处，还是只惩治那些行恶的？在此期间，对于那些以基督徒身份被起诉到我这里来的人，我采取如下做法。我问他们本人是否基督徒。那些承认是的人，我再问第二次，第三次，一边以酷刑相胁：那

些坚持不肯改口的，我命令带出去受刑。事实上，无论他们承认自己是什么身份，我不怀疑，他们至少应该为这种不肯屈服的顽固和执拗而付出代价。还有一些人也同样疯狂，但他们是罗马公民，我记了下来，以便遣送回罗马。

当时还公开张贴有一份匿名的大字报，揭发出许多人的名字。有些人否认自己是或曾经是基督徒，我念宣言他们也照念了一遍，又以乳香和葡萄酒祭献在你的像前（除神像以外，我还带来你的像，好用在这类场合），并辱骂耶稣基督——据说真正的基督徒不会被迫做出这些行为——，我认为应该释放这些人。

此外，他们宣称，他们的过失，或者不如说误入迷途，本质上只不过是这样的：在固定的日子里，他们习惯在天亮以前聚会，轮流颂唱耶稣基督的祷歌，那和献给某个神的祷歌相似，他们非但没有犯什么罪，反倒还宣誓不偷盗，不抢劫，不奸淫，不言而无信，不贪图别人要求归还的寄存物。行完这些仪式之后，他们就散会，并再次聚会进食，他们的食物倒平常，也无害。

批注

注意第一段话中并列疑问句的使用：同一问句的前后两部分意思相反，丰富了表达。小普林尼详尽描绘了他如何确认基督徒改教的真实性。此外，基督徒的观点采用第三人称形式的转述，却保留了许多细节说法。

图拉真皇帝在回信中肯定了小普林尼采取的措施："没法制定一个总的规范……如果有人否认自己是基督徒，并且向我们的神行献祭礼，即便他在过去确乎可疑，也大可因悔过而得到宽恕。"

本文还见证了当时基督宗教群体的文化生活：定期聚会（"固定的日子"，即礼拜天），集体祷告，圣体圣事，严格遵行以十诫

小普林尼像（中世纪，意大利科莫圣母院）

为本的道德规范。

不少基督徒为了逃避酷刑，否认自己的信仰，事后又有所悔过。是否重新接受这些人，从一开始就在教会内部引起诸多争议。

针对罗马公民的特殊处理很值得一提（fuerunt alii similis amentiae，quos，quia cives Romani erant，adnotavi in urbem remittendos）：任何受起诉的罗马公民均有权要求让皇帝亲自审判

自己，使徒保罗因此而被带到了罗马。小普林尼出于谨慎，把那些疑似基督徒的罗马公民遣送回罗马，交由皇帝审判。

十八、米努西乌斯：两种普世观的冲突（《奥克塔维乌斯》，VI，XXV，XXVII）

米努西乌斯（Marcus Minucius Felix）是生活在三世纪初的拉丁作者。他在思想上深受德尔图良的影响。两人同是北非人，都曾在罗马担任辩护家。但米努西乌斯的拉丁语散文造诣超过了德尔图良，以华丽优美的文风著称，对基督精神和拉丁文学做出了完美的结合。值得一提的是，三世纪以前重要的基督教作者几乎全部来自北非。这些作者在语言和精神上亲近罗马文明，同时又与罗马的城邦和历史保持一定的距离，在创作时具有罗马作者所无法企及的自由和大胆。米努西乌斯大约于212—217年著《奥克塔维乌斯》（*Octauius*）。在这部对话体作品中，他强调了基督

耶稣与门徒（公元四世纪末）

这幅镶嵌画一反早期基督形象的常态，画中耶稣伸出右手，没有呈现出典型的“牧羊人”形象，反而更像一名古代罗马教师。门徒也身穿罗马托加。

宗教与传统文明（尤其哲学）有可能取得和解。整篇对话发生在罗马附近的奥斯提亚海滩，对话一方是基督徒奥克塔维乌斯（Octavius），另一方是他的朋友、奉行传统多神信仰的塞西里乌斯（Caecilius），在场的还有叙述者马尔库斯（Marcus）。对话中频频提及当时盛行的各种宗教思潮和哲学观点，显然是为受过良好教育的读者所作。米努西乌斯在文体和风格上仿效了西塞罗的《论神性》和《论占卜》。

多神信徒塞西里乌斯说（《奥克塔维乌斯》，VI）：

"Cum igitur aut fortuna certa aut incerta natura sit, quanto venerabilius ac melius antistitem veritatis maiorum excipere disciplinam, religiones traditas colere, deos, quos a parentibus ante imbutus es timere quam nosse familiarius, adorare, nec de numinibus ferre sententiam, sed prioribus credere, qui adhuc rudi saeculo in ipsius mundi natalibus meruerunt deos vel faciles habere vel reges! Inde adeo per universa imperia, provincias oppida videmus singulos sacrorum ritus gentiles habere et deos colere municipes, ut Eleusinios Cererem, Phrygas Matrem, Epidaurios Aesculapium, Chaldaeos Belum, Astarten Syros, Dianam Tauros, Gallos Mercurium, universa Romanos. Sic eorum potestas et auctoritas totius orbis ambitus occupavit, sic imperium suum ultra solis vias et ipsius oceani limites propagavit, dum exercent in armis virtutem religiosam, dum urbem muniunt sacrorum religionibus, castis virginibus, multis honoribus ac nominibus sacerdotum, dum obsessi et citra solum Capitolium capti colunt deos, quos alius iam sprevisset iratos, et per Gallorum acies mirantium superstitionis audaciam pergunt telis inermes, sed cultu religionis armati, dum captis in hostilibus moenibus adhuc ferociente victoria numina victa venerantur, dum undique hospites deos quaerunt et suos faciunt, dum aras extruunt etiam ignotis numinibus et Manibus. Sic, dum universarum gentium sacra suscipiunt, etiam regna meruerunt. Hinc perpetuus venerationis tenor mansit, qui longa aetate non infringitur, sed augetur: quippe antiquitas caerimoniis atque fanis tantum sanctitatis tribuere consuevit quantum adstruxerit vetustatis."

词汇

fortuna, ae, *f.*：命运

uenerabilis, is, e：值得尊敬的，体面的

antistes, itis, *m. f.*：(1) 首领，担任公共职务者；(2) 大祭司

maiores, maiourum, *m. plur.*：祖先

excipio, excipere, cepi, ceptum：(这里指) 接受，欢迎

disciplina, ae, *f.*：教育，教诲，教派

imbuo, ere, bui, butum：浸透，灌输

prior, prioris, *m.*：最初的，年长的

natalis, is, e：有关出生的，出生的

mereo, ere, ui, itum：值得，应得，有资格

uel... uel... ：要么……要么

prounicia, ae, *f.*：罗马行省

oppidum, i, *n.*：(1) 工事，堡垒；(2) 行政首府 (常指罗马)

gentilis, is, e：(这里指) 某个民族的

Eleusis, inis, *f.*：厄琉西斯，位于阿提卡地区，以地母神刻瑞斯秘仪传统著称。

Phrygas Matrem："弗里济亚母亲"，这是象征肥沃多产的弗里济亚女神库贝尔的称呼。

Epidaurum, i, *n.*：伊壁图鲁斯人，有医神埃斯科拉庇俄斯的崇拜传统。

Aesculapius, ii, *m.*：埃斯科拉庇俄斯，医神

Chaldaei, orum：迦勒底人，以天文学和星象学著称

Belus, i, *m.*：贝鲁斯，亚述人的第一个王，后来被尊为神。

Astarte, es, *f.*：阿斯塔耳忒，叙利亚和腓尼基的爱神。

Syrii, orum, *m. plur.*：叙利亚人

Mercurius, ii, *m.*：墨丘利，神的信使

potestas, atis, *f.*：势力，力量，权力

auctoritas, atis, *f.*：权威

occupo, are, aui, atum：占据，占有

Oceanus, i, *m.*：大洋，原指大洋神俄刻阿诺斯，后来指大西洋

propago, are, aui, atum：传播；延伸，扩展；延长，继续

dum：(1) 接直陈式：同时，当……时；(2) 接虚拟式：为了，只要，但愿：expecta dum Atticum conueniam：待我追上阿提库斯，待我与阿提库斯重逢；oderim, dum metuant：为了使他们恐惧，就让他们去恨吧。

castus, a, um：贞洁的

citra（+宾格）：在……的这边；不到

Capitolum, ii, *n.*：卡庇托利欧山

sperno, spernere, spreui, spretum：使分离，分开；轻蔑，鄙视

perpetuus, a, um：不断的，不停的，一贯的，不间歇的

acies, ei, *f.*：(这里指) 战线，会战

ignotus, a, um：未知的，陌生的

tenor, oris, *m.*：持续的状态

quippe：(1) 当然，显然；(2) 既然

astruo, ere, struxi, structum：添造，补建；补充

uetustas, atis, *f.*：老年，高龄；古代，古时

译文

既然自然无常，或命运有定数，那么，保存祖先的教诲，奉行世传的宗教，崇拜诸神（从父辈那里学会敬畏他们，而不是怠慢地认知他们），避免评判神圣的事物，信任从混沌世纪、世界之初走来的古人更有资格获得神的启示与直接训诫，一如真理的伟大祭司那样，这难道不更体面、更合理吗？我们看到，在每个行省、城邦和帝国里，人们各有各的宗教和礼仪，崇拜各自国家的神。比如厄琉西斯人崇拜刻瑞斯，弗里济亚人崇拜库贝尔，伊壁图鲁斯人崇拜埃斯科拉庇俄斯，迦勒底人崇拜贝鲁斯，叙利亚人崇拜阿斯塔耳忒，斯基泰人崇拜狄安娜，高卢人崇拜墨丘利，而罗马人崇拜所有的神。因此，罗马人的势力和权威才征服整个世界，统治的疆界才超越太阳的轨道和大洋的彼岸。他们全副武装，展现出一种宗教的勇气。他们笃信神圣礼仪、贞女、祭司和庆典的名誉，以此巩固自己的城邦。他们膜拜诸神，即便一般人在同样境况下必然愤懑地弃决神：就在罗马惨遭洗劫、仅存卡庇托利欧山之际，他们从高卢士兵中冲过，除信仰以外别无武器，却以坚定的虔敬震惊敌人。他们尊重沦陷的敌对城邦的诸神，就连在胜利的狂喜之中也不例外。他们求索异邦的神，使之成为自己的神。他们甚至为死者和未知的神灵立起祭坛。他们承认所有民族的神圣教诲，从而在世人面前称王。不仅如此，这种笃信始终在持续，不因时光而削弱，反在强化。因为，祭礼和神庙越是古老，越被赋予一种与岁月相称的神圣性。

批注

“一如真理的伟大祭司那样”，这句插入语可能是多神信徒对基督徒的讽刺，因为，基督徒声称熟知神性的真实奥秘。文中提到的论据其实都不是信仰，而是近似信仰的东西，古老的传统和信仰的好处起到强化论证的作用。罗马人在宗教实践中最热情，对异邦的神灵最友好，因而也是最得神佑的民族。作者似乎还认为，古人拥有某种“自然宗教”，可惜在时光中逐渐衰败，正因为此，越是古老的传统越权威。文中还以褒义运用 superstitio 一词。罗马人在高卢人的进犯下走投无路，身无片甲，却从信仰中获得精神支撑，冲过敌人的防线，进入卡庇托利欧山，向看似抛弃了他们的诸神献祭。严格地说，这些罗马人超过了一般意义的虔信，而接近 superstitio［迷信］——不过，就连这种迷信也能帮助他们攻克敌军。

基督徒奥克塔维乌斯说（《奥克塔维乌斯》，XXV）：

> “At tamen ista ipsa superstitio Romanis dedit，auxit，fundavit imperium，cum non tam virtute quam religione et pietate pollerent. Nimirum insignis et nobilis iustitia Romana ab ipsis imperii nascentis incunabulis auspicata est ！ Nonne in ortu suo et scelere collecti et

古罗马人的墓葬浮雕（公元前一世纪，卢浮宫馆藏）

从浮雕的铭文上看，这家罗马人从事医生行业。

muniti immanitatis suae terrore creverunt？ Nam asylo prima plebs congregata est: confluxerant perditi, facinerosi, incesti, sicarii, proditores, et ut ipse Romulus imperator et rector populum suum facinore praecelleret, parricidium fecit. Haec prima sunt auspicia religiosae civitatis！ Mox alienas virgines iam desponsatas, iam destinatas et nonnullas de matrimonio mulierculas sine more rapuit, violavit, inlusit, et cum earum parentibus, id est cum soceris suis bellum miscuit, propinquum sanguinem fudit. Quid inreligiosius, quid audacius, quid ipsa sceleris confidentia tutius？ Iam finitimos agro pellere, civitates proximas evertere cum templis et altaribus, captos cogere, damnis alienis et suis sceleribus adolescere cum Romulo regibus ceteris et posteris ducibus disciplina communis est.

"Ita quicquid Romani tenent, colunt, possident, audaciae praeda est: templa omnia de manubiis, id est de ruinis urbium, de spoliis deorum, de caedibus sacerdotum.

"Hoc insultare et inludere est victis religionibus servire, captivas eas post victorias adorare. Nam adorare quae manu ceperis, sacrilegium est consecrare, non numina. Totiens ergo Romanis inpiatum est quotiens triumphatum, tot de diis spolia quot de gentibus et tropaea."

词汇

ista ipsa：这种（迷信）本身

polleo, ere：有力，有效，有影响，有意义

nimirum：当然，无疑（这个状语的用法常带嘲讽意味。）

insignis, is, e：显赫的，显著的，突出的

incunabula, orum：襁褓，摇篮；童年，起源，策源地

nonne：是不是；难道

cresco, ere, cerui, cretum：(1) 产生，出现；(2) 生长，长大，膨胀，扩大

asylum, ii, *n.*：避难所，收容所

congrego, are, aui, atum：集合，聚集

facinerosus (ou facinorosus), a, um：罪恶的，犯罪的

sicarius, ii, *m.*：凶手，杀人者

proditor, oris, *m.*：叛徒，变节者

imperator, oris：(1) 君王，元首，皇帝；(2) 统帅，首长（这一头衔在帝国末期统称总司令。）

rector, oris, *m.*：向导，首领

praecello, ere：擅长，高过，胜过

parricidium, ii, *n.*：(1) 弑君罪；(2) 谋杀父母亲人；(3) 严重叛变；(4) 谋杀同胞.

Mox, *adv.*：很快，随后.

nonnulae：一些

uiolo, are, aui, atum：(1) 折磨，虐待；(2) 侵犯，冒犯，破坏

propinquus, a, um：附近的，临近的，将临的

fintimus, a, um：邻近的，附近的，交界的

pello, ere, pepuli, pulsum：摇晃，震动；使震惊，激动；赶走，驱赶

euerto, ere, i, sum：推翻，弄翻；没收，使破产，剥夺

adolesco, ere, eui, adultum：成长，发育，发展

praeda, ae, *f.*：战利品，猎物

spolium, ii, *n.*：剥下的兽皮，羊毛，蛇皮，从敌尸剥下的衣甲，战利品

caedo, caedere, cesidi, caesum：(1) 抽打，打击；(2) 杀戮，杀死；(3) 杀牲祭神

insulto, are, aui, atum：挖苦，嘲弄，侮辱

inludo (ou illudo), ere, lusi, lusum：玩耍；嘲弄，耻笑，污辱

totiens... quotiens...：每次

tot... quot...：有多少……就有多少（quot homines，quot sententiae：有多少人，就有多少意见；人多口杂。）

tropaeum，**i**，*n.*：（1）战利品，纪念碑；（2）胜利，凯旋

译文

可是，[你却说，] 罗马人的优势不在自身的价值，而在他们的信仰和虔敬，所以这种迷信反倒成就了他们的帝国，让它壮大和巩固。当然啦，罗马人那显赫而高贵的正义，早在帝国欣欣向荣之初就存在了。当初这帮乌合之众靠着作孽逐渐壮大，凭着凶蛮散布恐慌，可不是从一开始就在提高威信吗？这个民族简直就是在逃难中形成的。一些个弃儿、下流胚、乱伦者、凶手和叛徒乌合而来，他们的首领和指挥罗慕路斯干脆杀了自家兄弟，好在罪名上盖过手下。这些行径正是这么个宗教国度的最初征兆。打那以后，他们无恶不作，玷污和霸占许了人家的外邦少女，乃至结了婚的年轻妇人——真是骇人听闻！接着，他们还和这些女子的家人，也就是他们自己的丈人家打仗，在亲戚之中杀人放火。还有什么比作孽带来的自信更反宗教、更大胆、更顽固呢？他们还把邻人赶出家园，抢掠左近的城邦，连同神庙和祭坛，将当地居民沦同奴隶，通过毁灭他人和作孽来扩张自己，这就是罗慕路斯等国王还有他们的追随者所遵守的规则。

所以说，凡是罗马人所获得、培养和拥有的，无非是胆大妄为的战利品。他们的神庙全部矗立在暴力的废墟之上：一座座城邦被抢掠，诸神被污辱，祭司被杀戮。

利用战败者的宗教信仰，先打赢再去膜拜受虏的神，这不过是嘲弄和侮辱。膜拜自己武力抢来的东西，根本就是亵渎神灵，哪里还是在敬神？因此，罗马人频频战胜敌人，罪孽也就无以复加，有多少异邦神被诓骗，就有多少民族遭抢掠。

批注

奥克塔维乌斯在这里讽刺罗马的历史，气势咄咄逼人。在他的描述下，罗马俨然成了一群逃亡的乌合之众的老巢，罗马人罪孽深重，靠着杀人放火来壮大城邦，罗马城也并非建立在宗教的虔信之上，反而处处违背信仰准则。奥克塔维乌斯重新解释，乃至解构了官方认定的罗马建城历史。在当时能够做到这一点的人，不仅要熟习拉丁文明，而且正如上文已经说过的，不能住在帝国的心脏（罗马）。这种解读倾向对后世的罗马历史编纂学产生了深远影响。

奥克塔维乌斯接着又说（《奥克塔维乌斯》，XXVII）：

"Putatis autem nos occultare quod colimus, si delubra et aras non habemus ？ Quod enim simulacrum deo fingam, cum, si recte existimes, sit dei homo ipse simulacrum ？ Templum quod ei extruam, cum totus hic mundus eius opere fabricatus eum capere non possit ？ Et cum homo latius maneam, intra unam aediculam vim tantae maiestatis includam ？ Nonne melius in nostra dedicandus est mente？ in nostro intimo consecrandus est pectore？ Hostias et victimas deo offeram, quas in usum mei protulit, ut reiciam ei suum munus？ Ingratum est, cum sit litabilis hostia bonus animus et pura mens et sincera sententia. Igitur qui innocentiam colit, deo supplicat; qui iustitiam, deo libat; qui fraudibus abstinet, propitiat deum; qui hominem periculo subripit, optimam victimam caedit. Haec nostra sacrificia, haec dei sacra sunt: sic apud nos religiosior est ille qui iustior. (…) Non tantum sub illo agimus, sed et cum illo, ut prope dixerim, vivimus."

词汇

occulto, as, are, aui, atum：隐藏，掩饰

fingo, ere, finxi, fictum：塑造，捏塑，造型；描绘，勾勒

existimo, are, aui, atum：判断，评定，发表意见

fabrico, are, aui, atum：制造，塑造

capio, ere, cepi, captum：(1) 取，拿；(2) 据有，侵占；(3) 收到，获得

latus, a, um：宽阔的，广大的

maneo, ere, mansi, mansum：留在，继续，持续

uis (acc. uim, ablatif ui)：力量，势力，权力

aedicula, ae, *f.*：小庙宇，小教堂（aedes 的简称）

includo, ere, clusi, clusum：包含，插入

intimus, a, um：最深的，最深处的

reicio (或 rejicio), ere, ieci, iectum：扔下，抛回，拿走，赶走

ingratus, a, um：忘恩负义的

litabilis, is, e：合宜祭祀的。派生自 **lito, are, aui, atum**：求得吉兆而祭祀

fraus, fraudis, *f.*：欺骗，谎言，诡计，阴谋

abstineo, ere, tinnui, tentum：禁止，避免

periculum, i, *n.*：危险，冒险

subripio, ere, ripui, reptum：暗中夺取，诈取

译文

可是，你以为，仅仅因为没有神庙和祭坛，我们就是在遮掩自己的信仰吗？你想，既然人是照上帝的形象造出的，我又怎能描绘出上帝的形象呢？既然整个世界由上帝造出却不足以容纳上帝，我又能建造出什么圣殿呢？我等区区凡人栖占浩瀚天地，又怎能让这般崇高的神力屈居于小小殿堂呢？他在我们的灵魂中接受奉献，在我们的心灵深处得到侍奉，不是更好吗？我怎能把上

帝为我造出的牲畜和供品再奉献给他，这岂不是在抛还他给我的恩典？这是忘恩负义；合宜的供品，应是善好的性情，纯净的心灵，诚实的评判。因此，坚持纯洁的人祷告上帝，坚持正义的人侍奉上帝，而不行骗的人最得上帝欢喜，救人于危难中，就是把最恰当的供品奉献给上帝。这才是我们的献祭，这才是我们崇拜上帝的礼仪。在我们当中，最正直的人也最虔信……我们不仅以他为榜样，也和他相存相依。

批注

这里展示了基督徒的信仰观：真正的奉献无须圣殿，只在基督徒慈善虔信的日常行为之中。《约翰福音》中也记载了耶稣的话："那真正拜父的，要用心灵和诚实拜他，因为父要这样的人拜他"（4：23）。自四世纪起，基督教会渐渐转入制度化建设，也恢复了传统罗马宗教中的部分公共崇拜特点（比如兴建教堂）。

《奥克塔维乌斯》虽是论战对话，却再现了古典拉丁语作者的传统思想和修辞风格。米努西乌斯深谙当时多神信徒的思想，也熟习他们所宣扬的普世观点，与此同时，他有意运用自己的理论加以辩驳。他显然知道克尔苏斯的《真言》，并在书中做出回应。《奥克塔维乌斯》反映了当时奉行两种宗教信仰的人士之间顽强但不失友好的论战。据某些现代历史学家的分析，奥克塔维乌斯和塞西里乌斯很有可能是真实存在的历史人物。

十九、拉克坦提乌斯：反对活人祭（《神圣教诲》，第1卷，第21章）

拉克坦提乌斯（Lactantius），原名费米亚努斯（Lucius Caecilius Firmianus)，公元250年在非洲出生，325年逝世。他以优美的拉丁散文风格著称，被誉为“基督宗教世界的西塞罗”。《神圣教诲》(*Diuinae institutiones*) 共七卷，是一部护教著作，书中反驳了多神信仰，为基督宗教的理性和道德辩护。这里选取的短文涉及活人祭的问题，拉克坦提乌斯怒斥当时信奉多神宗教的罗马皇帝对基督徒的迫害，他本人亲历了狄奥克勒提安努斯皇帝(Diocletianus) 时期的大迫害。

Apud Cyprios humanam hostiam Iovi Teucrus immolavit; idque sacrificium posteris tradidit, quod est nuper Hadriano imperante sublatum. Erat lex apud Tauros, inhumanam et feram gentem, uti Dianae hospites immolarentur; et id sacrificium multis temporibus

垂死的高卢战士（卡庇托利欧博物馆馆藏）原件系公元前220年前后的青铜雕像，此为罗马时代的复制品。这件作品表现了一个战败的克尔特战士将死的场景。

恺撒在《高卢战记》中提到，高卢人往往赤身裸体地加入战斗。史家波利比奥斯提及高卢战士人人戴项圈，相关描绘与此一致。高卢的失败从侧面体现了罗马的胜利和荣耀。不过，这件作品还见证了战士的勇气和赴死，超越了民族情绪，直接颂扬人性。

celebratum est. Galli Hesum atque Teutatem humano cruore placabant. Nec Latini quidem huius immanitatis expertes fuerunt, siquidem Latialis Iupiter etiamnunc sanguine colitur humano. Quid a diis boni precantur, qui sic sacrificant? Aut quid tales dii hominibus praestare possunt, quorum poenis propitiantur? Sed de Barbaris non est adeo mirandum, quorum religio cum moribus congruit. Nostri vero, qui semper mansuetudinis et humanitatis gloriam sibi vindicarunt, nonne sacrilegis his sacris immaniores reperiuntur? Hi enim potius scelerati sunt habendi, qui, cum sint liberalium disciplinarum studiis expoliti, ab humanitate desciscunt, quam qui rudes et imperiti ad mala facinora bonorum ignoratione labuntur.

词汇

Cyprii, *m. plur.*：塞浦路斯人

Teucrus（又写作 **Teucer**）：希腊英雄、神箭手透克罗斯，他是埃阿斯的兄弟，曾参与特洛伊战争，在《伊利亚特》中，如果不是宙斯干预，差点儿就射死了赫克托尔（15，458起）。他在战争结束后建立了塞浦路斯城邦。

posteri, **orum**, *m. plur.*：后代

trado, **ere**, **didi**, **ditum**：交付，转交

subleuo, **are**, **aui**, **atum**：抬起，使变轻；减小，减轻；救济

Tauri, **orum**, *m. plur.*：陶里斯人（位于克里米亚半岛）

immanitas, **atis**, *f.*：(1) 巨大，大量；(2) 凶残，狂暴

ferus, **a**, **um**：野蛮，残酷

Diana, **ae**, *f.*：狄安娜女神（朱庇特和勒托的女儿，阿波罗的妹妹）

hospes, **itis**, *m.*：客人，过客，外乡人

immolo, **are**, **aui**, **atum**：牺牲，献祭

Heusus：赫苏斯，高卢人崇拜的神，被罗马人混同为战神玛尔斯

Teutates：透塔图斯，高卢人崇拜的神，是部落和国家的庇护神

cruor, oris, *m.*：血，血流，引申为杀戮

placor, are, aui, atum：平缓，安抚

latialis：拉丁姆的

colo, colere, colui, cultum：培育，耕种；居住；尊敬，崇拜，虔信

praesto, praestare, praestiti：担保，供应，授予；(+与格）出众，占优势

propitio, are, aui, atum：使发慈悲，使息怒，使垂顾

poena, ae, *f.*：惩罚，治罪；痛苦，折磨

barbari, orum, *m. plur.*：蛮族

adeo, *adv.*：这样；如此地；果然，甚至

congruo, ere, grui：结交，符合，相称

uindico, are, aui, atum：(1）要求收回，抗议；(2）报复，惩罚

sacrilegium, ii, *n.*：渎神，抢劫神庙，玷污圣物

reperio, ire, reperri, pertum：重新找到，发现，获得

sceleratus, a, um：被暴行所污辱，罪大恶极的，大逆不道的

祭祀的女子（公元二世纪，卢浮宫馆藏）

humanitas, atis, *f.*：(1) 人性；(2) 礼貌，文雅，和气；(3) 教养，文明

liberalium disciplinarum studiis：修习文学经籍，这里的文学指“文献经典”。

expolio, ire, iui, itum：弄平，磨光，擦亮；润色，美化

rudis, is, e：没有教养的，粗俗的

imperitus, a, um：未开化的，无经验的，没本领的，不识字的

facinus, oris, *n.*：行为，事业；罪行，过错

译文

在塞浦路斯人中，透克罗斯曾向朱庇特献活人祭；这种祭礼传至他的后代，直到被哈德里安皇帝取缔。野蛮凶残的陶里斯人有一条法律，外乡人必须全部活祭给狄安娜女神，这种做法施行了好些年代。高卢人也祭人血安抚赫苏斯和透塔图斯。拉丁人在凶蛮方面不会比别人更不在行，拉丁姆的朱庇特同样接受活人祭的崇拜。做出这般牺牲的人，又能向诸神讨到什么好处呢？或者说，只以人的痛苦为慰藉的神，又能带给人什么呢？不过，蛮族的宗教与风俗相称，果真没什么稀奇。但在我们这儿，人们总以宽容和教养为荣，这等渎圣礼仪岂非更显凶蛮？毕竟，我们通经籍、明礼数，反倒违背文明教化，比起有些人未开化、无教养、只因无知才作恶，更是罪大恶极。

批注

在拉克坦提乌斯等作者的努力下，基督宗教开始变成拉丁文明的最好继承者，有能力从传统中提取精华，去除糟粕。拉克坦提乌斯在文学领域的创作准备，为君士坦丁大帝在精神层面的整合与改革奠定了基础。

晚年的拉克坦提乌斯曾担任君士坦丁长子克利斯布斯（Crispus）的家庭教师，教授拉丁文典。出于不为人知的复杂缘故，君士坦丁后来亲自下令处死了这个儿子。拉克坦提乌斯常常著文谴责那些迫害基督徒的罗马皇帝，却常在言辞上维护君士坦丁。此外，他还论述了神意命题，即上帝直接干预历史的命题。

二十、叙马库斯：四世纪的多神信徒缅怀传统礼教（《奏疏集》，8—9，19）

384年，罗马执政官叙马库斯（Quintus Aurelius Symmachus）致信给皈依基督宗教的两名帝国皇帝瓦伦提尼亚努斯二世（Valentinianus II）和提奥图西乌斯（Theodosius），请求在元老院重建两年前被拆毁的胜利女神的神像和祭坛。叙马库斯的心愿最终没能实现。从这份奏疏中，我们可以体会到他对传统礼教的敬重和缅怀。

Suus enim cuique mos，suus cuique ritus est. Varios custodes urbibus cultus mens divina distribuit. Ut animae nascentibus，ita populis fatales genii dividuntur. Accedit utilitas，quae maxime homini deos adserit. Nam cum ratio omnis in operto sit，unde rectius quam de memoria atque documentis rerum secundarum cognitio venit numinum ？ Iam si longa aetas auctoritatem religionibus faciat，servanda est tot saeculis fides et sequendi sunt nobis parentes，qui secuti sunt feliciter suos.

Romam nunc putemus adsistere atque his vobiscum agere sermonibus: Optimi principum，patres patriae，reveremini annos meos，in quos me pius ritus adduxit！ Utar caerimoniis avitis; neque enim paenitet. Vivam meo more，quia libera sum ！ Hic cultus in leges meas orbem redegit，haec sacra Hannibalem a moenibus，a

古罗马孩童玩球场景（公元二世纪，卢浮宫馆藏）

Capitolio Senonas reppulerunt. Ad hoc ergo servata sum, ut longaeva reprehendar？

词汇

suus cuique mos est：人人有各自的习俗。

uarios 既限定 **cultus** 又限定 **custodes**。

distribuo，ere，bui，butum：划分，分配

anima，ae，*f.*：（1）空气，呼吸（2）灵魂—生命之本（3）灵魂—对应肉身

fatales，i.：命运的，致命的

divido，ere，usi，uisum：分开，划分，区分，分配

accedo，ere，cessi，cessum：（1）靠近，投奔（2）走到（3）来到，

抵达（4）增加，加上

utilitas, atis, *f.*：用处，益处，利益

adsero, serere, serui, sertum：(1）引来，提取（2）促进，赋予

opertum, i, *n.*：秘密，机密

secundarius, a, um：次要的

cognitio, onis, *f.*：(1）认识，了解（2）侦查，审讯

aetas, atis, *f.*：(1）生命，生活，年龄，岁数（2）时代，时期

auctoritas, atis, *f.*：保证，担保

tot（无性数格变化）：这么多的（与 qot 连用：quot homines, tot sententiae 有多少人就有多少主张。）

sequor, sequi, secutus sum：追随，跟随，追逐

feliciter：幸福地，顺利地，成功地

puto, are, aui, atum：计算，估计，评价，沉思，思量

adsisto, sistere, stiti：附近的

uobiscum = cum vobis

reuereor, eri, eritus sum：敬畏，崇敬

adduco, ducere, duxi, ductum：(1）吸引，导向（2）率领，指引

ago, agere, egi, actum：(1）驱赶，促使（2）行动，做

utor, uti, usus sum：利用

paeniteo, ere, ui：不满意

liber, libera, liberum：出身自由的

orbis, orbis, *m.*：圆圈，圆面，地区，地方

redigo, ere, egi, actum：往后赶，赶回，带到另一种状态

Hannibal, is *m.*：汉尼拔，迦太基将军，公元前211年率军进逼罗马城下

moenia, ium, *n.*：城墙，堡垒

senones（复数）：塞农人，古代高卢人。公元前390年，高卢人洗

劫罗马，但据传统说法，没能攻占卡庇托利欧山丘上的城堡。

seruo，as，are，aui，atum：（1）观察，注意（2）守卫，保持，信守（3）拯救，救援

reprehendo，ere，di，sum：占据，指摘，谴责

译文

人人有各自的习俗，人人奉行各自的礼教。神意在不同城邦分配了不同的守护神和不同的崇拜仪式。生灵就此应运而生，守护这些生灵命运的精灵也分布四海。人类从中受益，这也是最让凡人眷念诸神之处。我们的理性既如此暗淡，除了过往繁荣的记忆和见证，又何从认知诸神呢？因此，如果说某些宗教礼仪在漫长时光里担当权威，那么几世纪以来的信仰必须得到尊重，我们要追随我们的祖先，一如当初他们追随他们的祖先。

扮作刻瑞斯女祭司的小安托妮娅（公元前36年至公元37年，卢浮宫馆藏）

这件雕像的头和身体本不是同一年代，头部年代更早，表现的是小安托妮娅，屋大维的侄女、老德鲁苏斯的妻子、克劳多斯皇帝（公元41至54年执政）的母亲。她扮成地母神刻瑞斯的女祭司，头发上系着发带。身体部分的褶皱花样也常见于同时期的缪斯雕像。

现在，让我们假设，罗马在这里对你们说："仁慈的君王啊，贵国的圣父啊，请尊重我谨守礼教而成就的年岁。请让我奉行祖先的仪式，因为我不会为此悔过。请让我以自己的方式生活，因为我是自由的！这个信仰曾让世界臣服在我的统治下，这些神圣礼教曾在我们的城下击退汉尼拔，在卡庇托利欧山抵挡高卢人！难道我坚持到底竟是为了如今遭谴责吗？"

批注

本文以罗马宗教习俗的古老权威和昔日繁荣（当下危机四伏）为论证基础，论证中含有相对主义和诸说混同的观念，同时提出某种超越一切宗教、给予每个民族特定宗教的"神意"。在叙马库斯的拟人化修辞下，罗马宛如一个饱受凌辱和苦难的祖先，哀叹那些曾造就繁荣的礼仪消失不再。

叙马库斯出身于古老的罗马贵族家庭，在同时代人中享有很高声誉，担任过执政官、大司祭等重要公共职务，同时还是闻名的演说家，一生都在热忱地维护贵族理念和多神信仰。值得一提的是，他在担任非洲行省的行政总督时，曾以官方名义任命未来的奥古斯丁为米兰的雄辩术教授。

二十一、奥古斯丁：《忏悔录》引言

希波的奥古斯丁（Aurelius Augustinus，353—430），又称圣奥古斯丁，在北非（今阿尔及利亚）出生和逝世。他是古典拉丁语晚期作家，伟大的基督宗教思想家和散文家。《忏悔录》（*Confessiones*）写于397年和398年，是一部自传体著作，记录了奥古斯丁寻求上帝的历程。这部著作有双重的写作意图：不仅直面上帝，忏悔罪过，还通过自述心路历程，宣扬上帝的荣耀。下面是《忏悔录》第一卷的开篇：

Magnus es，domine，主啊，你是伟大的，

et laudabilis valde. 你本应受赞美，

Magna virtus tua 伟大是你的德能，

et sapientiae tuae non est numerus. 你的智慧无边无际。

Et laudare te vult homo，人想赞颂你，

aliqua portio creaturae tuae，（人是）你所造的一份子，

et homo circumferens mortalitatem suam，遍身带着必死性，

circumferens testimonium peccati sui 遍身带着罪的记号，

et testimonium quia superbis resistis 也带着你阻挡骄傲的人的证据，

et tamen laudare te vult homo，但人仍想赞颂你，

aliqua portio creaturae tuae.（人是）你所造的一份子。

Tu excitas ut laudare te delectet，你使他在赞颂你时心生喜乐，

quia fecisti nos ad te 因为你造我们，为了折返向你，

et inquietum est cor nostrum 而我们的心不会安宁，

donec requiescat in te. 直到在你的怀中安息。

Da mihi，domine，scire et intellegere 主啊，请使我知道并理解

utrum sit prius invocare te an laudare te，应先呼求你还是先赞颂你，

et scire te prius sit an invocare te. 应先认识你还是先呼求你。

Sed quis te invocat nesciens te？ 但谁能不认识就呼求你？

Aliud enim pro alio potest invocare nesciens. 因为他可能误解对象来呼求你。

An potius invocaris ut sciaris？ 或许呼求更是为了认识你？

Quomodo autem invocabunt, in quem non crediderunt？但是他们如何呼求原本不信的那位？

Aut quomodo credent sine praedicante？ 无人传示，又怎能信呢？

Et laudabunt dominum qui requirunt eum: 谁追寻主，就将赞颂主。

quaerentes enim inveniunt eum 因为追寻主，就会获得主，

et invenientes laudabunt eum. 获得主，就会赞颂主。

Quaeram te, domine, invocans te 主啊，追求你时我要呼求你，

et invocem te credens in te，相信你时我要呼求你。

praedicatus enim es nobis. 因为，传示的字句归属我们。

Invocat te, domine, fides mea，主啊，我的信仰呼求你，

quam dedisti mihi，你所给我的信仰，

quam inspirasti mihi per humanitatem filii tui，你启迪我的信仰，通过你的圣子的人性，

per ministerium praedicatoris tui. 通过传道者的事工。

词汇

本文中的词汇和概念很重要，具有典型的基督宗教拉丁语特点，对后世有深远影响。

magnus, a, um：伟大的，强大的，巨大的

Dominus, domini, *m.*：主人，天主，主

laudabilis, laudabilis, laudabile：值得赞颂的

ualde, ualdius, ualdissime：强烈地，强有力地

uirtus, virtutis, *f.*：德能

sapientia, sapientiae, *f.*：智慧

numerus, numeri, *m.*：数量，总数，限度

laudo, laudare, laudavi, laudatus：赞颂

aliqua：从某方面，从某种程度

portio, portionis, *f.*：份子，部分

creatura, creaturae, *f.*：创造；被造物

circumfero, circumferre, circumtuli, circumlatus：围绕，循环

mortalitas, mortalitatis, *f.*：必死性，死亡

testimonium, testimoni（i）, *n.*：证据，记号

peccatum, peccati, *n.*：罪过，犯错

superbus, superba, superbum：骄傲，傲慢

resisto, resistere, restiti：阻挡，抵制

excito, excitare, excitaui, excitatus：激励，激发

delecto, delectare, delectaui, delectatus：使开心，使愉悦

inquietus, inquieta -um：不安宁

cor, cordis, *n.*：心灵，灵魂

donec：只要，直到

requiesco, requiescere, requieui, requietus：安息，安宁

scio, scire, sciui（ii）, scitus：得知

intellego, intellegere, intellexi, intellectus：理解，意识

uter, utra, utrumqui：两个中的哪一个（是……还是……）

prior：前边，先行

inuoco, inuocare, inuocavi, inuocatus：呼求，呼吁

an：是否

nescio, nescire, nesciui, nescitus：不认识

potior, potior, potius：更好地

quomodo：如何，怎能

credo, credere, credidi, creditus：信，信任

praedico, praedicare, praedicaui, praedicatus：传道，传播

requiro, requirere, requisiui, requisitus：追寻

quaero, quaerere, quaesiui, quaesitus：追求，要求

inuenio, inuenire, inueni, inuentus：获得，找到

enim：因为，确实

fides, fidei, *f.*：信仰，忠诚，信任

humanitas, humanitatis, *f.*：人性，礼貌；文化，文明

ministerium, ministeri (i), *n.*：使用，工作，事工

批注

奥古斯丁开启了忏悔文学的历史。这里的“我”已然在呼应笛卡儿“我思故我在”中的“我”，和卢梭自传中的“我”。无独有偶，卢梭自传沿用了奥古斯丁的书名：《忏悔录》。奥古斯丁熟谙传统罗马宗教，也留下了不少极有意义的记载和反思，不过，在这里，他强调的是与上帝、内在世界的关系，并借此中断了几世纪以来罗马式的情感和逻辑表达。不过，读者可以从中察觉到与斯多亚学派的某种关联（参看第十二篇），奥古斯丁重新诠释了斯多亚思想中的和平与内在喜乐的概念，他的依据是上帝与人的联合，由于基督的降临，这种联合成为可能。

文中频频援引和化用圣经经文（尤其《诗篇》中的经句）。这里没有必要一一指明出处，一来好些经文重复出现在圣经的不同地方，二来奥古斯丁并没有逐字逐句地加以援引，而是自由化用。我们不妨说，正因为持续不断地阅读和思索圣经，才成就了奥古斯丁的独具一格的写作风格。

二十二、奥古斯丁：古罗马宗教的真正终结（《上帝之城》，II，29）

奥古斯丁著述不限灵修和注经。《上帝之城》，全称“论上帝之城：驳异教徒”（*De cuiitate Dei contra paganos*），共二十二卷，首卷写于413年，最后一卷完成在十三年后，是一部有关基督徒和古罗马多神信徒论战的宏篇巨著。奥古斯丁总结了四个多世纪以来的论战，并为之画上句号。《上帝之城》不是应景之作，但开篇还是回应了410年罗马遭遇洗劫所引发的迫切问题：抛弃传统多神信仰崇拜究竟是不是这一事件的肇因？奥古斯丁早在此前就拟订了周密的创作计划。404年，他第一次撰文探讨了建立在两种爱的基础上的两个城邦，以及这两个城邦相互交集直至末日审判的来临。该撒利亚的犹西比乌斯（Eusebius Caesariensis，又称“旁非罗的优西比乌斯”Eusebius Pamphili）对三世纪的信仰思想产生了深远的影响，他在罗马皇帝与基督之间、上帝之国与罗马帝国的命运之间做了比较。410年罗马遭遇洗劫这一事件进一步坚定了奥古斯丁反犹西比乌斯的想法。他在文中强调，上帝之国不是人间的王国。“两种爱建立了两个城邦：地上之城的基础是对自我的爱，甚至为此而轻视上帝，天上之城的基础是对上帝的爱，甚至为此而轻视自我。前一个城邦自吹自擂，后一个城邦赞美上帝。前一个城邦向世人索要荣耀，后一个城邦从上帝那里获得最高荣耀，而上帝也见证它的信仰”（XIV，28，1）。奥古斯丁认为，这两种城邦的交集和差异将一直持续到世界的终末：没有一种世俗政权可与上帝之城相混同。从政治层面上来说，基督徒虽是上帝之城的公民，却不能免除地上之城的公民义务。归根到底，这场论战体现在每个人的心底究竟哪种爱占上风，对上帝的爱，还是对自我的爱。这里选取第二卷的一段文字，奥古斯丁宣告传统

意大利拉文纳教堂中的镶嵌画。尤斯丁尼皇帝（公元483—565）和主教、将军在一起。

这个场景反映了某种建立于皇帝与教会联盟基础上的帝国梦想，在西罗马帝国灭亡后，这个梦想还将在东罗马帝国继续存在并影响了随后几个世纪的欧洲历史。与此同时，主教们深受奥古斯丁的“两个城邦”这一理念的影响，对教会依附世俗政权的现实强烈不满，常有反抗。世俗与神圣之间由此涌现出了复杂多变的权力关系。

多神信仰的终结，并号召罗马人信仰基督宗教。在他看来，基督宗教正是罗马人几世纪以来艰难的信仰寻索的终点。

Haec potius concupisce, o indoles Romana laudabilis, o progenies Regulorum Scaevolarum, Scipionum Fabriciorum; haec potius concupisce, haec ab illa turpissima vanitate et fallacissima daemonum malignitate discerne. Si quid in te laudabile naturaliter eminet, non nisi vera pietate purgatur atque perficitur, impietate autem disperditur et punitur. Nunc iam elige quid sequaris, ut non in te, sed in Deo vero sine ullo errore lauderis. Tunc enim tibi gloria popularis adfuit, sed occulto iudicio divinae providentiae vera religio quam eligeres defuit. Expergiscere, dies est, sicut experrecta es in quibusdam, de quorum virtute perfecta et pro fide vera etiam passionibus gloriamur, qui usquequaque adversus potestates inimicissimas confligentes easque fortiter moriendo vincentes "sanguine nobis hanc patriam peperere suo". Ad quam patriam te invitamus et exhortamur, ut eius adiciaris numero civium, cuius quodam modo asylum est vera remissio peccatorum. Non audias degeneres tuos Christo Christianisve detrahentes et accusantes velut tempora mala, cum quaerant tempora, quibus non sit quieta vita, sed potius secura nequitia. Haec tibi numquam nec pro terrena patria placuerunt. Nunc iam caelestem arripe, pro qua minimum laborabis, et in ea veraciter semperque regnabis. Illic enim tibi non Vestalis focus, non lapis Capitolinus, sed Deus unus et verus Nec metas rerum nec tempora ponit, Imperium sine fine dabit. Noli deos falsos fallacesque requirere; abice potius atque contemne in veram emicans libertatem.

词汇

concupisco, ere, piui, pitum：垂涎，觊觎

indoles, es, is：天性，生性。Indoles Romana laudabilis 应理解为“生而荣耀的罗马民族”。

progenies, i, *f.*：子孙，后代

Regulus：雷古鲁斯，全名 Marcus Atilius Regulus，公元前 267 年和 256 年两次当选罗马执政官，第一次布匿战争的统帅，据贺拉斯等人的记载，他最终受虏，在迦太基慨然接受酷刑而死。

Scaevola：斯卡沃拉，全名 Caius Mucius Scævolan，罗马人在反抗伊特鲁利亚国王中的英雄。

Scipio：斯基皮奥，罗马的某个大家族，出了众多将军和执政官。

Fabricius：法布里西乌斯，罗马执政官，以大公无私著称。

turba, ae, *f.*：人群，乌合之众

uanitas, **atis**, *f.*：虚构，空谈，废话，无根据

daemon, **onis**, *m.*：(1) 源自古希腊语：精灵；(2) 基督教语境：恶天使，撒旦，魔鬼

malignus, **a**, **um**：凶恶的，有害的

discerno, **ere**, **creui**, **cretum**：分开，区分，分别

purgo, **are**, **aui**, **atum**：用药物净化，消淤，泻；消除，免除；申辩，辩护

perficio , **ere**, **feci**, **fectum**：完成，举办

disperdo, **ere**, **didi**, **ditum**：丧失，摧毁，绝灭，消灭

punio, **ire**, **iui**, **itum**：惩罚，惩治

eligo, **ere**, **egi**, **ectum**：(1) 挖，连根拔掉；(2) 选举

sequor, **sequi**, **sectutus**：追随，跟随

occultus, **a**, **um**：掩藏的，秘密的

iudicium, **ii**, *n.*：(1) 审问，审判，开庭，判决；(2) 意见，看法，判别能力

expergiscor, **gisci**, **perrectus**：清醒，从麻木中惊醒

inimicus, **a**, **um**：敌人的，敌意的

confligo, **ere**, **flixi**, **flictum**：冲突，处于矛盾之中

sanguine nobis hanc patriam peperere suo："他以鲜血为我们创建家园"。语出维吉尔《埃涅阿斯记》第 11 卷。奥古斯丁认为，这是一句预言，是基督来临、救赎世人的喻像。

pario, **parere**, **peperi**, **partus**：创造，孕育；获得

lapis capitolinus：卡庇托利欧之石。这里指卡庇托利欧的朱庇特石像。

nec metas rerum nec tempora ponit, **Imperium sine fine dabit**："他不施加时空的限制，他应许你一个无限的国"，语出维吉尔《埃涅阿斯记》第 1 卷，引文略有出入。

exhortor, ari, atus：激发，鼓励

degenero, are, aui, atum：退化，衰退，损坏名誉

detraho, ere, traxi, tractum：摘下，拉下，删掉

accuso , are, aui, atum：控诉，指责

uelut：(1) 例如；(2) 虚拟式：正如，好比

arripio（或 adripio）, ere, ripui, reptum：捉住，抓住，攻击

nequitia , ae, ***f.***：恶劣，邪恶，放肆，失常

abieo, ire, ii, itum：离开，远离，消失

contemno, temnere, tempsi, temptum：忽略，轻视

emico, are, ui, atum：迸出，发光，闪耀，出名

译文

生而光荣的罗马人啊，雷古鲁斯、斯卡沃拉、斯基皮奥、法布里西乌斯的后代啊，不如向往它［这种宗教］吧！不如向往它，认清魔鬼的不洁空谈和有害谎言吧！假设在你的天性中有值得赞扬的品质，那么通过真正的虔信去净化和完善，不虔信只会败坏，该受惩罚。从现在起，选择你的求索方向，不要赞美自己，而要赞美真正的上帝，在他那里从无谬误。从前，万国的荣耀曾涌向你，但依据某种隐秘的神意，你当时不懂得选择真正的宗教。醒来吧，白日已临在！无数先人早已苏醒，他们有完美的信德，为真正的信仰受难，受世人赞美；他们反抗各种敌对力量，无所畏惧，以死相争，“他们以鲜血为我们创建家园。”我们邀请你来这个家园，成为它的公民，它才是避难地，让罪孽真正获赦免。不要听信你那些败坏的同胞，他们把时代的灾难拿来诽谤和控诉基督和基督徒，因为他们期盼的不是平安生活的时代，而是沦落却能受包庇的时代。但是，这样的包庇绝不适合你，也不会对地上之国有好处。为此，你现在要把握天国，那不费什么辛劳，却能

拥有真正的统治，直到永远。在那里，你看不到维斯塔的家火，卡庇托利欧山的石像，而只有一位真正的上帝。“他不施加时空的限制，他应许你一个无限的国。”不要追随那些骗人的伪神，要摆脱他们，轻视他们，投入真正的自由的怀抱。

批注

奥古斯丁把笔锋转向那些尚未信奉基督宗教的摇摆不定的人们。他的论证巧妙，很有说服力。和米努西乌斯在《奥克塔维乌斯》中一样，他首先追溯罗马作为避难地的起源，但没有嘲笑这个起源有多耻辱，而是进一步提出，天国才是真正意义的避难地。同样地，他回顾了罗马从前辉煌的征战史，以及罗马人的勇气和美德，同时进一步提出，真正的梦想不是征服地上的万国，而是征服天国。为此，他还援引了维吉尔《埃涅阿斯记》中的两个提及罗马起源的句子。奥古斯丁没有像奥克塔维乌斯那样否定罗马的过去，反而是唤醒罗马人的自豪感，激励他们去追求崇高的目标。

结语

这样，我们一起欣赏了古典文本的创作风格和手法，理解了重要概念的本义和随后的语义变迁，并从掌握基础知识出发，渐渐能够更直觉地感知那些曾经造就罗马世界的宗教构成、情感和论战。很难用简单几个命题概括这本小书。下文的一些思考，与其说是收尾，更像是一次新的起航。我们希望，这能启发读者把书中所学运用到其他领域的探索之中。

语言、历史与政治

在这本小书里，我们从拉丁语出发，语言是我们的向导。通过从拉丁语法和语汇学起，我们逐渐领悟，古罗马人的思想和语言有着深沉的亲缘关系。书中好些长句带有对称性的均衡和逻辑性的结构，几近完美，加上一个个衔接严密的从句，想必已让读者印象深刻。拉丁语的雄辩气度仿佛专为法庭而生，一再提醒我们，这是一种法学的语言，一种长于辨别、驳议和论证的语言。在形而上探索和史诗叙事方面，古希腊语是无与伦比的，拉丁语也许不具备那样的诗韵和精妙，却擅长通过结构繁复的长句，从政治、礼仪、宗教、司法和文化等方面清楚地表达世界的意象：城邦不仅普及了拉丁语，也是这一有序意象的核心。无论从精神还是语法的角度来看，罗马均如一个“主语”，在令人叹为观止的“句法结构”中，发展了拉丁语言和拉丁文化。

为此，理解古代罗马宗教，必须结合历史学和人类学的研究方法。考据史实、划分时代不够，还要深入探究古代罗马的特定表达体系，这与西方现代世界的表达体系迥然不同，更不消说中国。解释一篇拉丁语文本，必须像人类学家解释某个异域文化宗教仪式的语言和面具那样。因此，悉心理解拉丁语言体系，重新考究那些时人自以为耳熟能详的词汇概念之间的关联，以及这些词汇概念在复杂语法结构中的运用，正是一个再好不过的方法，可以帮助我们摆脱思维的惯性，成就这样一种极为重要的思想的自在。

从这种类比角度来看，古罗马宗教的“语言构成”必然是一种历史性的构成。罗马宗教与罗马城邦相伴相生，宗教缔造城邦，也成就城邦的身份认同，从这个角度来看，古罗马宗教深深扎根于某种时间性之中：有趣的是，古罗马宗教甚少提及非时间性的

美惠女神和时序女神（公元二世纪，卢浮宫馆藏）

现实，诸如时间的此岸、彼岸之类。我们已在书中看到，世界的生成与罗马的诞生重叠一起，更确切地说，世界从城邦的诞生中吸收意义和变化。正是在这样的前提下，诸神干预历史（注意：是神和人共同分享的历史），神话发挥效用。诸神的干预离不开城邦所主持的层出不穷的礼仪、咒语和盟约，目的自然也离不了城邦的生生不息、繁荣昌盛。

古罗马宗教不仅是历史的宗教，还是政治的宗教。政治制度垄断了对宗教的控制，宗教的预期功效从根本上也从属于政治秩序。这既是优点，也是缺点。只要这种政治特征确保宗教体系并行不悖、形式上持久不变，那么必能发挥极大威力。与此同时，这种政治特征致使罗马宗教受制于诸种党派间的政治操纵，因而也是一大弱点。举个最简单的例子。在城邦政制的确立和合法化过程中，占卜曾发挥不可替代的作用，但随后逐渐丧失威信，占卜术和占卜师的地位也日趋卑微。

还有一点值得关注：古罗马宗教有能力吸纳外来文化体系，从最初的地方宗教发展成一个庞大帝国的官方宗教，由此可见它本身的灵活和可塑。古罗马宗教鲜少围着几名传统大神转，而能欢迎和兼容外来诸神，既确保这些神在本地的传统功能，又在罗马认可的万神行列中给予他们一席之地。换言之，罗马元老院、祭司和皇帝的统筹职能，与各地的多样状况实现了有效得当的配合。这一点当然不是有意形成的，而是城邦固有习性和帝国扩张的一个自然结果。稍后，为了对抗基督宗教更高要求的普世性，多神信仰维护者有意引证古罗马宗教的这种灵活性：伴随着帝国的对外征服，罗马宗教确乎得到普及。

至此，我们强调了古罗马宗教的司法和政治特点。还有一点值得一提，有关古罗马私人和民间宗教世界，我们了解较少。事实上，这方面的资料并不欠缺，各种文学著作、考古学成果乃至罗马哲学家反迷信的论战文本提供了许多信息。不妨这么说，古罗马民间宗教世界也许比我们单纯从文本上阅读到的更为丰富多彩、激情澎湃，却不能与官方宗教世界根本区别开来，例如私人性的占卜常常仿效公共占卜的仪式规范。我们也不应该低估民间宗教的情感力量：对于罗马帝国的士兵、商人和农夫来说，自己所属的宗教团体相继驯服了其他所有民族的诸神，这无疑是极其激励人心的事。另外还有一些“边缘群体”的专门性崇拜仪式不容忽略，比如妇女、来自帝国的偏远行省或周边地区的奴隶等等。

基督宗教与多神信仰：对话和拒斥之间

基督宗教的崛起可以从古罗马宗教所暴露的欠缺中获得部分解释。首先是个体意识的涌现，个人的评判和决定能力得到呼吁，斯多亚学派和其他哲学流派的兴起反映了这种需求，而基督宗教在个性和个人责任方面将走得更远。其次是完整救赎的需求，一种不再被简约为单纯政治尺度的救赎，这解释了秘仪的盛行，而基督宗教带来救赎的福音，不受秘密接纳入会的局限，向世人的灵与肉完全开放。最后，新兴的宗教情感和信仰社团在寻找出口，社会边缘人群在寻求属于自己的宗教表述，基督宗教很快在各个社会阶层内部产生反响。如果说传统中的多神相对带有某种含糊性，那么信仰有位格、爱世人的上帝，无疑是新的契机。教会应运而生，以同情、分享和平等为本原，以反社会的姿态对抗传统政治共同体：在帝国体系下，随着权力争夺日益加剧，传统社会的等级区别比从前更分明，分裂也更严重。

对峙不可避免。罗马帝国把新兴的基督宗教视同一种不可容忍的挑衅，危及确保其合法性的原有政治宗教体系。与此同时，

先知以利亚乘旋风升天（列王纪），卢浮宫馆藏

军队内部、领导阶层和各大行省的分裂，致使帝国越来越衰弱，也越来越排斥异己。然而，基督宗教与多神信仰之间并不只有对峙。正如我们在书中所看到的，拉丁语的语汇和司法逻辑、丰富的罗马礼仪传统、来自希腊的斯多亚思想传统的盛行，还有罗马的文学著作，所有这些在基督教作者的重新运用下，从各个文化和感知领域展示了新兴宗教的风貌。从另一方面来看，在与基督徒的论战中，多神信徒逐渐形成一种深思熟虑的多神信仰哲学：在与他者的相遇中，他们实现了自我认知，只可惜拉丁多神信仰的社会政治表述也同时踏上消亡之路。

从语言和思想入手研究“拉丁宗教”，不应把传统罗马宗教与新兴基督宗教分作两个毫无关联的部分。当然，这两种宗教体系的内容和论题根本不同，但论战围绕共同的拉丁语言展开，它们从一开始就有共同的概念，也在逐渐充实、彼此转变各自的表述。还有一点，多神信仰和基督宗教都不是封闭的宗教体系。罗马宗教体系不仅接受古希腊思想和语言的影响，也受到其他古代文明的影响，比如伊特鲁利亚文明，可惜我们对此所知甚少。基督宗教不仅把希腊世界和罗马世界紧密连在一起，还在反复释义圣经的过程中深刻地完善了自身的语言和思想，从而与希伯来文明密不可分。总的说来，西罗马帝国灭亡是一个真正的分水岭。拉丁语丧失原有的政治指向，又被切断历史根源，不得不在用途和语汇上加以重建。在这种新的整合过程中，中世纪的经院哲学和神学一步步成形，其构成仍以古典传统为基础，但在思想演绎方面与前四个世纪的拉丁语作者迥然不同。

最后，中国读者也许会多提一个问题：古代罗马宗教和古代中国宗教有没有可比性，倘若有的话，我们从中能获得什么教益？毕竟在公元前六世纪至公元五世纪期间，罗马和中国的宗教发展经历有一些颇为惊人的相似之处。在罗马城邦，一如在先秦诸国，政治与宗教制度并行不悖，传统礼教兼具宗教和政治的统一功能，仅从殷商甲骨文看来，占卜对中国古人的意义绝不亚于古罗马人。公元以前，中国和罗马都经历了从王国或共和国向帝国的过渡，宗教形式也都发生了相应变化，首先是向中央皇权逐渐靠拢，其次是正统礼教和异端邪说的区分愈加严格。稍后，基督宗教的崛起，和道教、佛教在中国正式成形，发生的年代极为接近，并且都反对献祭杀生，都比以往的宗教形式更强调个人信仰。不过，这些问题显然远远超出了本书的探讨范围，但愿以上浅见有助于引发读者展开更多历史学和人类学方面的沉思。在笔者看来，古罗马犹如一个政治、社会和宗教的大实验场，始终蕴藏着丰富而生动的教益。这些教益一再提醒我们，发生在罗马历史中的诸种争议具有何等令人惊叹的普遍性和当下性。

年表

公元前

2000	印欧人来到意大利。
8世纪	伊特鲁利亚人在意大利中部。
约753	罗马建城，前身当为山丘上的小村落。
753—717	拉丁王族和萨宾王族。
650—510	伊特鲁利亚王族。伊特鲁利亚人建设罗马城。
509	伊特鲁利亚王族被驱逐出罗马；每年一换的行政官取而代之：罗马共和国成立（与雅典同年）。罗马和迦太基缔结第一个贸易条约。
500—493	对拉丁人的战争；建立独裁官制度（应用于危难时期，任期不得超过六个月）。
508	在卡庇托利欧山上造第一座神庙。
485	在对沃尔斯奇人等的战争中获胜；造卡斯托尔和波吕克斯神庙以示庆祝。同一时期造萨图努斯神、刻瑞斯神和丰收神的神庙。
482—449	连年战争和内乱。
449—421	平民与贵族的政治斗争。

390 高卢人入侵。

382—264 罗马征服意大利中部的大部分地区；平民与贵族的政治冲突不断激化。

362—348 最早的公共竞技会。

347—343 高卢人再次攻打罗马。

328 罗马征服拉丁姆、伊特鲁利亚和坎帕尼亚等地区。

300 奥古尼亚法（lex Ogulnia）允许平民担任司祭长和占卜师等宗教职务。

约272 罗马人接触古希腊文明。

267 罗马占领意大利南部。自此，罗马人主宰整个意大利，与地中海沿岸的贸易强国迦太基形成对峙。

264 第一批罗马角斗士。

264—241 罗马和迦太基为争夺西西里的第一次战争；起初胜负不定，罗马海军最终获胜。

240 第一部以拉丁语写成的悲剧。

238—229 罗马迫使迦太基让出萨地尼亚和科西嘉。

233 人口调查有270713名正值壮年的罗马公民。

218—201 罗马和迦太基的第二次战争。战胜汉尼拔。罗马人首次征服西班牙。

罗马继承迦太基帝国的做法，加强军事和外交活动，不但保护被征服国家，也压制了潜在的威胁。从东方虏获的大量战利品为战争提供了物资。

204 库贝尔女神崇拜引进罗马。

200—196 罗马战胜马其顿王国，于196年“解放”希腊。

192—190 小亚细亚战争。

181 在卡庇托利欧山造维纳斯神庙。

149—146 征服并摧毁迦太基城，建立非洲行省。

至此，罗马称霸地中海沿岸，不过，漫长而远程的战争恶化了社会问题：农民—士兵的体制不再合理，来自西西里、萨地尼亚、稍后还有非洲的廉价粮食造成农民们的破产，平民阶层日益贫困。

146—121 第一次在神庙中使用古希腊大理石。

133 保民官格拉古（Gracchus）提出把富人独占的公共土地分给贫民的土地法案。

135—126 萨地尼亚和西西里起义。

125—121 征服普罗旺斯。

123 被杀害的保民官格古拉的弟弟盖乌斯·格古拉提出低价卖粮食给贫民的粮食法。121年，他在有产阶层策划的一次骚动中被杀。

114—101 与日耳曼人的战争。罗马人多处落败。

111 废止格拉古兄弟提出的土地法和粮食法。

111—105 马略在努米地亚的战争中获胜。

104—100 马略再次当选执政官，取得一系列军事胜利。

91—89 苏拉和马略平定意大利人的起义。罗马同意把公民权授予放下武器的拉丁人和意大利人。意大利人作为新公民在罗马的35个部落登记。

88—85 希腊和小亚细亚战争。

83—79 马略、秦纳和苏拉在罗马的内战。

80 来自埃及的伊希斯秘仪在罗马风靡一时。

73—71 斯巴达克斯在意大利南部领导奴隶和角斗士起义，被克拉苏镇压。

70 人口调查有910000名正值壮年的罗马公民：平民阶层的势力日渐恢复。

67 庞培肃清意大利沿岸的海盗，海盗的根据地克里特成为罗马的行省。

66—63 小亚细亚战争；阿尔明尼亚向罗马纳贡。征服叙利亚，于63年占领耶路撒冷。

63 司祭长的职务改为由选举产生。尤利斯·恺撒当选。

63 喀提林阴谋，被克拉苏和恺撒镇压。

60 恺撒、克拉苏和庞培的秘密三头协议。

59 埃及法老获得罗马人民的盟友称号。

59 恺撒出任执政官。

58 塞浦路斯岛被罗马吞并。

58—51 恺撒征战高卢。

56 恺撒、克拉苏和庞培恢复三头协议。

54—53 克拉苏在一系列军事失利后被俘并处决。

53 罗马政治动乱，无法开展选举。

49 内战：恺撒率领军团渡过了卢比康河，占领罗马和意大利，庞培逃往东方。

48 恺撒大败庞培，埃及法老托勒密十三世刺杀了庞培。

47 恺撒大胜埃及军队。

45 恺撒被任命为终生的独裁官。他重整元老院，把元老数目从600名增加到900名。

44 恺撒被一群元老刺杀。

36 屋大维被元老院任命为终生的保民官。

32—30 屋大维和安东尼展开内战：31年屋大维在阿克兴大获全胜。

31 水泥开始运用于罗马的港口和航道设备建设。

29 维吉尔写出《农事诗》；为被奉为神的恺撒造神庙；帝国时代的宗教开端；建造第一个圆形剧场和第一座

	凯旋门。
27	屋大维被封为“奥古斯都”（Augustus）。
19	维吉尔去世，《埃涅阿斯记》问世。
13	奥古斯都当选为罗马司祭长，包揽世俗权力和宗教权力。
公元后	
1	罗马开始出现毛玻璃窗。
6	犹太王国成为罗马行省。
17	李维的《罗马自建城以来的历史》；李维和奥维德在同年去世。
约30	耶稣的讲道和受难。
37	提贝里乌斯去世。卡里古拉事件。
54	犹太人被赶出罗马。
54—68	尼禄的统治。
70—80以前	《马太福音》、《马可福音》和《路加福音》。
70	耶路撒冷第二神殿被摧毁。
71	在卡庇托利欧山重建朱庇特神庙。
79	维苏威火山大爆发。
约95	《约翰福音》和《启示录》。
112	小普林尼谈及基督徒的书信。
117—138	哈德里安皇帝统治时期。
136—137	哈德里安建维纳斯和罗马神庙。
147	安敦宁·毕尤皇帝治下，罗马建城九百周年大庆。
177	基督徒大迫害。
178	塞尔苏斯的反基督宗教论著《真言》。
约200	亚历山大里亚的基督教派（亚历山大的克莱蒙、欧利根）。
212	卡拉卡拉敕令，所有罗马帝国出身自由的人均享有罗

马公民权。

241 摩尼开始传教，于275年逝世。

250—251
257—258 基督徒大迫害。

274 帝国（奥列里亚努斯）推行密特拉秘仪。

284 狄奥克勒提安努斯皇帝迫害基督徒。

293 罗马帝国分成四个部分。

297 颁布反对摩尼教的法律。

303—311 基督徒大迫害。

311 取消反基督徒的敕令。

312 君士坦丁皈依基督宗教；10月28日，君士坦丁大胜帝国另一皇帝玛克森提乌斯；基督宗教从此在罗马帝国获享特权，但君士坦丁尊重他所征服的各民族信仰的多元性。他取消了对帝国元首的崇拜，并准免基督教徒向诸神祭献。

321 设立安息日。

324 君士坦丁打败东方皇帝李齐尼乌斯，重新统一罗马帝国。

325 尼西亚公会议，与阿里乌斯教派展开教义论战。

331 清查并开始没收多神教神庙财富。

337 君士坦丁临终受洗。

341 首次下令禁止多神信仰的献祭活动。

360 第一次君士坦丁堡公会议。

361—363 尤利安努斯统治期间，扶持多神信仰，限制基督宗教。

373 圣安波罗修担任米兰主教。

380 反阿里乌斯教敕令。

381 第二次君士坦丁堡公会议；再次下令禁止多神信仰的献祭活动。

382—402 叙马库斯抗议在罗马元老院内摧毁胜利女神的祭坛。
386 摧毁多神教神庙。
387 圣奥古斯丁受洗。
392 禁止多神崇拜。
397—398 圣奥古斯丁的《忏悔录》。
401—405 西哥特人和东哥特人入侵意大利。
407 多支部落越过冰冻的莱茵河。罗马帝国日趋衰败。
410 西哥特人攻陷罗马城。
413—426 圣奥古斯丁的《上帝之城》。
430 圣奥古斯丁逝世，时值他任主教的希波城遭旺达尔人围攻。
431 以弗所公会议。
451 匈奴大单于阿提拉在罗马附近被击败；卡尔西顿公会议宣布，耶稣基督具有真实的神性和真实的人性。
455 旺达尔人劫掠罗马，但未挑起杀戮或火灾。
476 西罗马帝国在军事彻底瓦解之后灭亡：日耳曼人雇佣军首领废除西罗马帝国的最后一个皇帝。

参考文献*

西文

词典和拉丁语言教程

- Adkins, L., Adkins R. A., *Dictionary of Roman religion*, New York, Oxford, Oxford U.P., 1996.
- Beaujeu, Jean, Deléani, Simone, Vermander Jean-Marie, *Initiaiton à la langue latine et à son système*, tomes I et II, Paris, SEDES, 1996 (1975).
- Boxus, A.-M., Lavency, M., Clavis. *Grammaire latine pour la lecture des auteurs*, Louvain-la-Neuve, De Boeck-Duculot, 1999.
- Gaffiot, Félix, *Dictionnaire illustré latin-français*, Paris, Hachette, 1958 (1934).
- Lavency, M., *VSVS. Grammaire latine. Description du latin classique en vue de la lecture des auteurs*, Louvain-la-Neuve, Peeters, 1997.
- Martin, F., *Les mots latins*, Paris, Hachette, 1976.
- Meillet, Antoine, *Esquisse d'une histoire de la langue latine*, Paris,

* 本书使用的拉丁语文本参考了诸多版本，这里不再列出出处。译文均由作者译出。现今的网络便利，大多数拉丁原文均可查到，我们在参考文献的末尾列出了一些有用的网址。

Klincksieck, 2004 (1977) .

- Meillet, A., Vendryes, J., *Traité de Grammaire comparée des langues classiques*, Paris, Honoré Champion, 1953.

古罗马文明研究

- Chausson, François (dir.) , *Occidents romains*, Paris, Errance, 2009.
- Fredouille, Jean-Claude, *Dictionnaire de la civilisation romaine*, Paris, Larousse, 1992.
- Giardina, Andrea (dir.) , *L'homme romain*, Paris, Seuil, 2002.
- Grimal, Pierre, *La civilisation romaine*, Paris, Arthaud, 1960.
- Lamboley, Jean-Luc, *Lexique d'histoire et de civilisation romaine*, Paris, Ellipses, 1995.
- Le Galy, Marcel, et al., *Histoire romaine*, Paris, PUF, 1991.
- Nicolet, Claude, *Le métier de citoyen dans la Rome républicaine*, Paris, Gallimard, 《Tel》, 1976.
- Scheidel, Walter (ed.) , *Rome and China, Comparative Perspectives on Ancient World Empires*, Oxford, Oxford U.P., 2009.
- Shelton, J.-A., *As the Romans Did. A sourcebook in Roman social history*, New York and Oxford, Oxford U. P., 1998.

古罗马宗教研究

- Bayet, Jean, *La religion romaine*, Paris, Payot, 1999.
- Beard, M. & North, J., (eds) , *Pagan Priests*, London, Duckworth, 1989.
- Beard, M. & North, J., (eds) , *Religions of Rome*, 1-2, Cambridge, 1998.
- Benveniste, Emile, *Le vocabulaire des institutions indo-européennes*,

tome II, Paris, Éditins de Minuit, 1969.

- Bispham, Ed., Smith, C, (éds.), *Religion in Archaic and Republican Rome and Italy. Evidence and Experience*, Edinburgh, Edinburgh U.P., 2000.
- Bloch, R., *La divination dans l'Antiquité*, Paris, PUF, 1984.
- Bremmer, J., Horsfall, N., (eds.), *Roman Myth and Mythography*, London, University of London, Institute of Classical Studies, 1987.
- Cancik, H., Rüpke, J., (eds.), *Römische Reichsreligion und Provinzialreligion*, Tübingen, Mohr Siebeck, 1997.
- Dumézil, Georges, *La religion romaine archaïque*, Paris, Hartmann, 2000 (1966) .
- Durand, J.-L., Scheid, J., 《'Rites' et 'religion'. Remarques sur certains préjugés des historiens de la religion des Grecs et des Romains》, in *Archives de sciences sociales des religions*, 85, 1994, p. 23-43.
- Fugier, H., *Recherches sur l'expression du sacré dans la langue latine*, Paris, Publications de la Faculté des Lettres de Strasbourg, 146, 1963.
- Rüpke, J., *Die Religion der Römer. Eine Einführung*, Mûnchen, Beck, 2001.
- Scheid J., *Romulus et ses frères. Le collège des frères arvales, modèle du culte public dans la Rome des empereurs*, Rome, Collection de l'École française de Rome, vol. 275, 1990.
- Scheid, John, *La religion des Romains*, Paris, Armand Colin, 2007.
- Scheid, John (éd.), *Pour une archéologie du rite. Nouvelles perspectives de l'archéologie funéraire*, Rome, Collection de l'École française de Rome, vol. 407, 2008.
- Scheid, John, 《 Religion, institutions et société de la Rome antique 》, *L'annuaire du Collège de France* [En ligne], 109 | 2010, mis en ligne le

24 juin 2010, Consulté le 13 septembre 2010. URL：http://annuaire-cdf.revues.org/197.

- Schilling, R., *Rites, cultes dieux de Rome*, Paris, Klincksieck, 1979.
- Turcan, R., *La Religion Romaine*, tomes I et II, Leiden, Brill, 1988.
- Turcan, R., *Les cultes orientaux dans le monde romain*, Paris, Les Belles Lettres, 1989.
- Vernant, Jean-Pierre, *Mythe et religion en Grèce ancienne*, Paris, Seuil, 2009（1990）.

罗马帝国时期的基督宗教研究

- Alfoldi, Andrew, *The Conversion of Constantine and Pagan Rome*. Translated by Harold Mattingly, Oxford, Clarendon Press, 1948.
- Brown, Peter, *Society and the Holy in Late Antiquity*, Berkeley, University of California Press, 1982.
- Brown, Peter, *Authority and the Sacred: Aspects of the Christianisation of the Roman world*, Cambridge, Cambridge U.P., 2002.
- Chuvin, Pierre, *Chronique des derniers païens, la disparition du paganisme dans l'Empire romain, du règne de Constantin à celui de Justinien*, Paris, Les Belles Lettres, 1990.
- Fox-Lane, R., *Pagans and Christians in the Mediterranean World from the Second Century AD to the Convesion of Constantine*, London, Penguin Books, 2006（1966）.
- Stroumsa, Guy G., *La fin du sacrifice : les mutations religieuses de l'Antiquité tardive*, Paris, Odile Jacob, 2005.
- MacMullen, Ramsay, *Christianizing the Roman Empire, AD 100-400*, New Haven, Yale U.P., 1984.
- Meslin, Michel, *Le christianisme dans l'Empire romain*, Paris, PUF,

1970.

- Pépin, Jean, *Mythe et allégorie, les origines grecques et les contestations judéo-chrétiennes*, Paris, Aubier, 1971 (1958) .

- Sachot, M., « Religio/superstitio. Historique d' une subversion et d'un retournement », in *Revue d'Histoire des Religions*, 208, 1991, p. 355-394.

- Simon, M., *La civilisation de l'Antiquité et le christianisme*, Paris, Arthaud, 1972.

- Vermander, Jean-Marie, 《La polémique des apologistes latins contre les dieux du paganisme》, in *Revue des Recherches Augustiniennes*, 17, 1982, p. 3-128.

- Veyne, Paul, *Quand notre monde est devenu chrétien* (*312-394*), Paris, Albin Michel, 2007.

中文

词典和拉丁语言教程

谢大任主编，《拉丁语汉语词典》，北京：商务印书馆，1988年

刘小枫，《雅努斯：古典拉丁文言教程》（试用稿）

肖原，《拉丁语基础》，北京：商务印书馆，1984年

谢大任，张廷琚编著，《拉丁语自学读本》，上海：外语教学出版社，1989年

韦洛克，《韦洛克拉丁语教程》，北京：世界图书出版公司，2007年

雷立柏，《拉丁成语词典：拉丁、英、汉语并列》，北京：宗教文化出版社，2006年

雷立柏，《拉英德汉法律格言辞典》，北京：宗教文化出版社，

2008年

雷立柏，《简明拉丁语教程》，北京：商务印书馆，2010年

古罗马文明研究

克瓦略夫，《古代罗马史》，王以铸译，上海：上海书店出版社，1956/2007年

吴于瑾编，《外国史学名著选》，北京：商务印书馆，1986年

蒙森，《罗马史》，卷1—2，李稼年译，北京：商务印书馆，1994/2003年

邢义田编译，《古罗马的容光：罗马史资料选译》，两卷，台北：远流出版社，1998年

王焕生，《古罗马文学史》，北京：中央编译出版社，2008年

罗马帝国时期的基督宗教研究

冈察雷斯，《基督教思想史》，陈泽民等译，南京：金陵神学院，2002年

雷立柏、卓新平，《古希腊罗马与基督宗教 》，北京：社会科学文献出版社，2002年

网上资料库

以下网址均有提供经典作品的拉丁原文和现代西文译文，使用方便，但缺点是版本相对较老，有些几乎过时。有些网页只有打开其他网址的链接目录。

这里只列出提供免费查阅的网址。

Intratext

http://www.intratext.com/Catalogo/Autori/AUT180.HTM

收藏有三十六种语言、一千五百个文本的电子图书馆，超文本格式，显示每个词的出现处和索引。可查阅拉丁文言经典和教会圣师著作。

Forum Romanum-Corpus Scriptorum Latinorum

http://www.forumromanum.org/index2.html

大型多学科网络合作项目，目的在于建立一个包揽全部拉丁文学的虚拟图书馆。有定期更新，可以搜索到网上最新的拉丁语文本，有许多文本的译文在别的地方找不到。

The Latin Library

http://www.thelatinlibrary.com/

按作者分类的拉丁语经典图书馆。

CCEL - Christian Classical Ethereal Library (Early Church Fathers)

http://www.ccel.org/fathers.html

教会教父的系列著作的英译本。

按“尼西亚前”、“尼西亚”、“尼西亚后”分类。有些文本在别的地方很难找到。

Early Church Fathers

http://www.tertullian.org/fathers/

在 tertullian.org 的分页上，有非常完整的拉丁教父著作英译本（补充 CCEL），有定期更新。

New Advent (the Fathers of the Church)

http://www.newadvent.org/fathers/

教会教父著作（尤其欧利根以前的教父）的多种英译本。注意，上头好些译文较老，不太可靠。